# EL ASOMBROSO MUNDO DE LOS ANIMALES

Adaptación al castellano: Pilar Rodríguez - Fenix Factory

# ÍNDICE

# ÍNDICE

# CÓMO EMPEZÓ TODO

**El hermoso y misterioso universo en el que vivimos se originó hace 15.000 millones de años como consecuencia del Big Bang. Pasaron 10.000 años antes de la formación de nuestro sistema solar y de la Tierra. Así que, la historia de nuestro planeta es muy antigua. Esta historia se ha dividido en varias fases. Una de ellas es la era prehistórica, que comenzó hace 3.800 millones de años y duró hasta el año 3500 a. C.**

## Restos fósiles

En el curso de la evolución se desarrollaron nuevas formas de vida, y muchas otras se extinguieron. Hoy sobreviven muy pocas especies de vida prehistórica en su forma original. La mayoría se han extinguido, y la única muestra de su existencia son las marcas en rocas, moldes y otros fósiles.

## Las erupciones volcánicas

La extinción de los animales prehistóricos se debió a varios cambios climáticos mantenidos en el tiempo. La actividad volcánica creciente también pudo contribuir a ello. Las erupciones volcánicas arrojan a la atmósfera polvo que contiene sustancias químicas, que provocan cambios en el tiempo y el clima. Es posible que durante este periodo, las erupciones fueran muy violentas y mucho más frecuentes.

## El hielo se derrite

El clima no sólo comenzó a enfriarse sino que por el mundo se extendieron placas de hielo. Después de mucho, el clima empezó a variar hacia una temperatura más cálida. Se distinguen cuatro glaciaciones, pero lo que llamamos 'Edad del hielo' tuvo lugar hace entre cuatro millones y 12.000 años. A medida que las placas de hielo continentales se derritieron, el nivel del mar subió. Los animales emigraron a regiones más cálidas a medida que las placas de hielo avanzaban hacia sus hábitats, pero no pudieron adaptarse a todos los lugares a los que iban y, así comenzaron a desaparecer.

## La mano humana

La extinción de muchos grandes mamíferos también tuvo relación con la rápida expansión territorial de los humanos. Muchos animales se extinguieron por las acciones del hombre, como la caza, la domesticación y la destrucción de sus hábitats.

*Drásticos cambios en el clima y el medioambiente produjeron altos índices de evolución y extinción de animales y plantas.*

### ¡CURIOSO!

La mayor extinción masiva ocurrió hace unos 250 millones de años. Conocida como la extinción masiva del Pérmico-Triásico, o "la Gran Mortandad", acabó con más del 90 por ciento de las especies marinas y el 70 por ciento de los reptiles terrestres, anfibios, insectos y plantas.

### Definición:

**Big Bang:** La teoría del Big Bang dice que la materia y el espacio estaban comprimidos en un único punto, y en un momento dado hubo una explosión, que creó el espacio, el tiempo y la materia.

# ¡POR LOS DIENTES!

**El mastodonte americano se ganó su nombre por sus dientes únicos: caninos con forma cónica y la punta redondeada. La palabra "mastodonte" deriva del griego y significa "diente con pezón".**

## Érase una vez...

Los cambios climáticos en la Tierra prehistórica beneficiaron al mastodonte. Apareció hace casi 15 millones de años. Durante ese tiempo, la temperatura cayó drásticamente y las placas de hielo empezaron a cubrir la tierra. Esto mató la vegetación, pero el mastodonte, uno de los animales más grandes de entonces, sobrevivió porque pudo luchar por la poca comida disponible.

## Cómo era

Un mastodonte adulto alcanzaba una altura de entre 2,4 y 3 metros y pesaba entre 3.500 y 5.400 kilos. Sus colmillos crecían hasta los 2,7 metros y eran casi horizontales. Los machos jóvenes tenían un colmillo inferior vestigial que perdían al hacerse adultos. El mastodonte tenía una frente plana y el cuerpo cubierto de una capa de largo pelo lanudo, probablemente de color marrón oscuro. Sin embargo, no tenía una capa de grasa subcutánea, como protección extra contra el frío.

Comparado con los elefantes actuales, el mastodonte era ligeramente pequeño, y de piernas más cortas y gruesas. Pero su esqueleto era más fuerte y robusto.

## Qué comía

El mastodonte era un "buscador", y tenía una dieta variada y dura. Sus dientes anchos, en forma de cono y con el filo redondeado, le permitían masticar hojas. Utilizaba sus colmillos para rebuscar entre las hierbas, la maleza, la corteza de los árboles y las ramas.

## Dónde vivía

Este animal ocupaba una extensa región, que cubría un amplio sector de los continentes del norte, pero fue más común en los bosques de piceas del este de los Estados Unidos durante la edad de hielo, y también en tierras bajas más cálidas. Se han encontrado sus restos a 300 kilómetros de la costa del noreste de los Estados Unidos, en zonas de tierra seca debido al bajo nivel del mar durante la última glaciación. También abundaba en la costa este y en la región al sur de los Grandes Lagos. Los fósiles de mastodonte se han encontrado, además, en Sudamérica.

## El final

El mastodonte se extinguió hace unos 12.500 años. No se sabe exactamente cómo pasó, pero se cree que murió debido a los cambios climáticos. Muchos fósiles de mastodonte muestran marcas de herramientas, lo que sugiere que los cazaron los humanos. Otros depredadores fueron el lobo gigante y el famoso tigre dientes de sable. Las investigaciones recientes dicen que la tuberculosis también pudo ser causa de su muerte. La enfermedad dañaba los huesos del pie, lo que entorpecía los movimientos del animal y lo convertía en una presa fácil.

### ¡CURIOSO!

En 1705, el clérigo Cotton Mather descubrió dientes fósiles gigantes a orillas del río Hudson. Dijo que pertenecían a un humano gigante, que murió en el diluvio universal. En 1806, Georges Cuvier los identificó correctamente como los del mastodonte.

### Definición:

**Canino:** Diente puntiagudo entre los incisivos y los premolares que sirve para desgarrar.

*Se cree que los humanos cazaron a los lentos mastodontes hasta su extinción.*

# CALENTITO, CALENTITO

**El mamut lanudo, un animal prehistórico parecido al elefante, debe su nombre al ruso “mamont”, posiblemente procedente de la palabra “mamma”, que significa “tierra”, utilizada por algunas tribus tártaras. Se creía que los mamuts vivían bajo tierra y que hacían madrigueras, una creencia muy alejada de la realidad.**

## Érase una vez...

Los primeros mamuts evolucionaron hace 8-10 millones de años. Hace entre 1,5 y 1,8 millones de años, los mamuts del sur penetraron en Norteamérica desde Eurasia, cruzando el estrecho de Bering. En aquel entonces, el nivel del mar era más bajo que hoy. Su descendiente, el mamut lanudo, apareció en Eurasia y cruzó el estrecho mucho después, quizá hace menos de 500.000 años. En Norteamérica, los mamuts lanudos convivieron con los mastodontes.

## Cómo era

La piel del mamut lanudo era muy gruesa y estaba cubierta de una capa de largo pelo negro y lana marrón rojiza. Durante el invierno, el pelo crecía hasta un metro de largo. Una capa de grasa subcutánea también le ayudaba a guardar el calor. Tenía una joroba de grasa detrás de su enorme cabeza abovedada.

El mamut lanudo pesaba entre 5.500 y 7.300 kilos, pero su altura no superaba los 3-4 metros. Su rasgo más sobresaliente era sus colmillos, extremadamente largos (el más largo que se ha encontrado medía 4,8 metros) y muy curvados, mucho más que los de los elefantes actuales. Pero sus orejas eran mucho más pequeñas que las de nuestros elefantes.

## Qué comía

El mamut era herbívoro. Como se alimentaba de la vegetación baja de la tundra, tenía que escarbar la tierra y el hielo para sacar la comida. Por eso desarrolló unos dientes fuertes que no se desgastaban fácilmente.

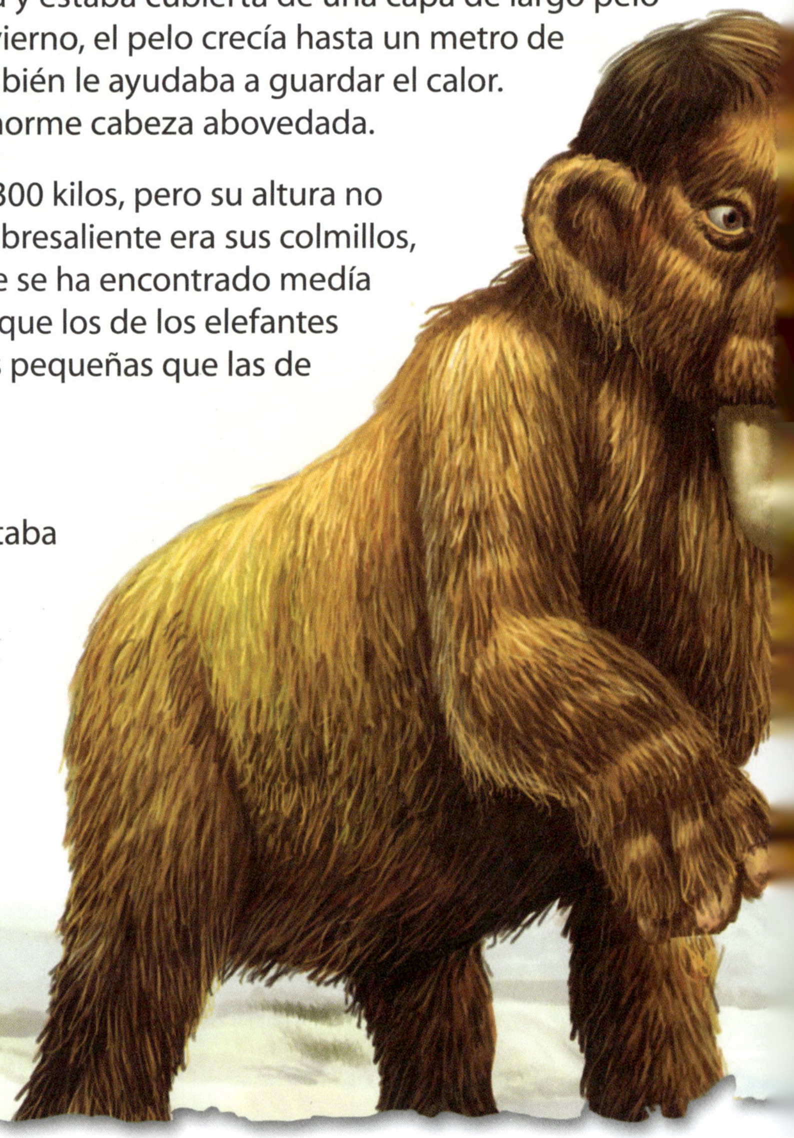

## Dónde vivía

El mamut lanudo vivió, sobre todo, en Europa, Asia, África y Norteamérica, aunque el mayor número de ellos se encontraba entre España y Norteamérica.

## El final

El mamut lanudo se extinguió hace casi 30.000 años debido a una combinación de factores, entre ellos, el clima cambiante, que pasó del frío al calor, la presión de la caza por parte del hombre y, probablemente, las enfermedades. También se cree que murió atrapado en los pantanos o suelos blandos, o enterrado por las avalanchas.

**Definición:**
**Tártaro:** Miembro de una de las tribus de Asia Central, entre las que se incluían los mongoles y los turcos, que, liderados por Genghis Khan, invadieron Asia y Europa del este en el siglo XIII.

**¡CURIOSO!**
Los colmillos del mamut lanudo empezaban a formarse al nacer y continuaban creciendo durante toda su vida, aumentando 6 mm de grosor cada año.

*Los mamuts lanudos tenían una estructura social parecida a la de los elefantes actuales. Las hembras y sus crían vivían en manadas, que abandonaban los machos tras la adolescencia.*

# EL GIGANTE INTELIGENTE

**El rinoceronte lanudo debe su nombre a su gruesa piel de pelo marrón grisáceo enmarañado, que le ayudaba a resistir el clima frío. Utilizaba sus aguzados sentidos, su paso rápido y su inteligencia para satisfacer su enorme apetito.**

## Érase una vez...

Las pinturas rupestres de los neandertales nos dicen mucho sobre el rinoceronte lanudo. Hace entre 10.000 y 500.000 años, este animal emigró a Europa y se adaptó bien al frío y al duro ambiente. Aunque era herbívoro, resultaba extremadamente peligroso cazarlo.

## Cómo era

Bajo su abrigo de lana, el rinoceronte tenía una gruesa capa de grasa para mantener el calor. Tenía un enorme par de cuernos en el hocico, hechos de pelo apelmazado. El más largo, en la punta, podía alcanzar los 90 centímetros en los machos adultos. A diferencia de los cuernos redondeados del actual rinoceronte, el cuerno delantero del lanudo era plano para retirar la nieve y poder pastar. El cuerno pequeño, situado entre los ojos, medía unos 30 cm. Ambos cuernos eran su principal arma de defensa contra los depredadores.

Tenía orejas pequeñas, patas cortas y gruesas, y un cuerpo robusto, que podía alcanzar los 3,3 metros de altura. El rinoceronte adulto pesaba entre 2 y 3 toneladas.

## Qué comía

El rinoceronte lanudo era herbívoro y estaba adaptado a comer la hierba que crecía en las praderas de clima templado y en las regiones de tundra.

## Dónde vivía

El hogar del rinoceronte lanudo eran las praderas que se extendían entre el norte de Europa y Asia oriental.

## El final

principales pudieron ser la caza del hombre y los cambios climáticos. Los científicos creen que los neandertales lo exterminaron. La razón más probable es el cambio climático. Al habitar en un clima frío, el rinoceronte lanudo no pudo sobrevivir a la llegada del clima cálido. A diferencia de los mamuts, el rinoceronte lanudo no pudo emigrar cruzando el estrecho de Bering hacia Norteamérica (una región más fría), y por tanto, se extinguió hace unos 20.000 años.

*Los cuernos del rinoceronte lanudo son tan raros que cuando se encontraron en Rusia en el siglo XIX se pensó que eran garras de pájaros gigantes.*

**Definición:**

**Neandertales:** Los neandertales son una especie humana extinta que vivió principalmente en Europa y algunas partes de Asia y el norte de Africa.

**¡CURIOSO!**

En una dentadura fósil de rinoceronte se halló material vegetal aún adherido, lo que da pistas sobre su última comida.

# LA CORNAMENTA DEL ALCE

**El alce irlandés ni era exclusivo de Irlanda ni era un alce. Era un ciervo con una cornamenta enorme. Su nombre científico, Megaloceros giganteus, significa "cuernos gigantes". Se le llamó "irlandés" porque los primeros fósiles bien conservados se encontraron en los sedimentos de un lago de Irlanda, donde se ven aún hoy. Pero los científicos han determinado que vivió por toda Europa, no sólo en Irlanda.**

## Érase una vez...

La historia del alce irlandés se remonta 400.000 años, cuando surgió en Europa y Asia Central. Se cree que descendía de animales pequeños que comían frutos caídos de los árboles. A medida que los bosques se aclararon, los antepasados de los ciervos aumentaron su tamaño y, poco a poco, les crecieron los cuernos.

## Cómo era

Este ciervo gigante ha sido el mayor de la historia de la especie, con una altura de 2 metros y un peso de 700 kilos. Sus cuernos medían 3,6 metros de punta a punta y pesaban entre 35 y 40 kilos. Lo más sorprendente es que cada año mudaba los cuernos. Tardaban unos cuatro meses en volver a crecerle.

Los científicos creen que las hembras preferían a los machos con cuernos más grandes, que probablemente mantenían duros combates entre sí.

## Qué comía

El alce irlandés era herbívoro y comía hierba o buscaba entre otra vegetación boscosa. Necesitaban la cantidad adecuada de minerales para mantener los cuernos a punto para combatir. Por eso se cree que comía plantas ricas en minerales, como el sauce.

## Dónde vivía

El alce irlandés vivió por toda Europa, norte de Asia y norte de África. También se ha encontrado en China una especie relacionada. Su hábitat eran los bosques abiertos y sus límites.

## El final

Estudios recientes de los huesos y dentadura del alce irlandés realizados por científicos británicos y rusos sugieren que sobrevivió hasta 5.000 a. C. Los cambios climáticos pudieron ser causa de su desaparición. No pudo adaptarse al acusado aumento de la temperatura tras la retirada de la capa de hielo. Otra razón de su extinción pudieron ser sus cuernos, que crecían tanto que el animal no podía levantar la cabeza y se le enredaban entre las ramas. Las investigaciones han revelado que, puesto que necesitaba grandes cantidades de minerales para formar su cornamenta, la mayor parte de ellos la extrajo de sus propios huesos, con lo que estos empezaron a debilitarse y ello lo llevó a la muerte.

*El alce irlandés usó los cuernos para pelear contra otros machos y para defenderse de los depredadores.*

**Definición:**
**Alce:** Es un ciervo de gran tamaño con cinco protuberancias en los cuernos que vive en el norte de Eurasia y de Norteamérica.

**¡CURIOSO!**
El alce irlandés necesitaba comer unos 40 kilos de comida al día para conseguir la energía que necesitaban sus cuernos para crecer.

# UN GIGANTE CARICORTO

**El Arctodus simus u oso de hocico corto debe su nombre a su morro ancho y poco pronunciado. Pero a pesar de su boca pequeña, tenía unas potentes mandíbulas con las que daba un terrible mordisco a sus presas.**

## Érase una vez...

Aunque no se sabe con certeza la historia de la evolución del oso, se cree que, hace entre 30 y 40 millones de años, aparecieron unos pequeños animales carnívoros que trepaban a los árboles. Éstos desarrollaron caninos para desgarrar la carne de sus presas. De esta feroz familia animal evolucionaron los osos. El Arctodus apareció hace 800.000 años.

## Cómo era

Con una altura de entre 76 y 150 cm hasta la cadera y entre 3 y 4,5 metros en pie, el Arctodus debió de ser el mayor oso de la historia. Por los fósiles, se calcula que debía de tener un peso de 900 kilos. Comparado con el actual oso pardo, el Arctodus tenía extremidades mucho más largas y un cuerpo más estilizado. Su patas excepcionalmente largas la daban velocidad para alcanzar a su presa. Es una característica física exclusiva de los carnívoros, como los leones o los lobos. Además de su hocico corto, el Arctodus apenas tenía frente. Al igual que el león, tenía grandes caninos y molares para machacar la carne. Las cuencas de los ojos estaban muy separadas y orientadas al frente, lo que le concedía una excelente visión. Sus orificios nasales eran enormes, por lo que tenía un agudo sentido del olfato.

## Qué comía

El Arctodus se alimentaba de animales y plantas. Sus presas pudieron ser el bisonte, el ciervo, el alce, las crías de mamut, los osos perezosos y otros grandes herbívoros, pero también era carroñero, y comía restos de animales muertos. Con su tamaño y su fuerza alejaba a otros depredadores de su presa.

## Dónde vivía

El Arctodus habitaba las regiones abiertas de Norteamérica en la edad de hielo, desde las praderas de la tundra en el extremo norte hasta los pastos más al sur. También habitaba en Sudamérica. En Alaska y el Yukón canadiense se han encontrado los restos más grandes.

## El final

El Arctodus desaparece al final de la última glaciación, hace unos 12.000 años. Aunque la causa real se desconoce, se cree que murió en parte porque algunas de sus mayores presas desaparecieron antes, y en parte por la competencia de los osos pardos, más pequeños y herbívoros, que entraron en Norteamérica desde Eurasia.

**Definición:**
**Morro:** Parte sobresaliente de la cara, que incluye la nariz y la boca de animales como el oso o el perro.

**¡CURIOSO!**
Un macho adulto de Arctodus americano era, de media, un 20 por ciento mayor que la hembra.

*El Arctodus era mucho mayor que el oso polar actual (en el medio) o el grizzly (delante). El Arctodus medía más de 1,5 metros hasta la cadera, mientras que el oso polar es 30 cm más bajo y el grizzly mide menos de un metro de alto.*

# LA RUTA DE LA LECHE

**Se cree que los uros son los bóvidos salvajes de los que descienden las razas vacunas europeas. Su nombre científico, Bos primigenius, deriva del alemán "Auerochse" o "Uroch", que literalmente significa "buey primigenio". Sin embargo, hoy en día este término científico no se considera válido.**

## Érase una vez…

Los uros aparecieron en la India hace unos dos millones de años y emigraron a Oriente Medio y otras partes de Asia. Finalmente llegaron al sur de Europa hace unos 250.000 años, desde donde probablemente se desplazaron a otros lugares. Este gigantesco antepasado vacuno fue domesticado por primera vez hace 6.000 años.

## Cómo era

Los uros macho, o toros, alcanzaban un altura de unos 1,8 metros, y las hembras, o vacas, llegaban casi al metro y medio. El pelaje del toro era marrón oscuro, con una franja más clara que le recorría la columna. Las vacas y los terneros tenían un pelaje más rojizo. Ambos tenían una coloración clara alrededor del hocico. Los uros vivían en rebaños mixtos de vacas, terneros y toros jóvenes. Tenían característicos cuernos en forma de lira con la punta hacia afuera y curvados hacia adentro, y variaban en longitud, grosor, ángulo de curvatura y posición. El uro era un animal enorme, pero los cambios climáticos afectaron a su tamaño y empezó a hacerse más pequeño.

## Qué comía

La dieta de los uros variaba con la estación. Cuando la temperatura era cálida, pastaban hierba, plantas de bajo porte, hierbajos y hojas de los árboles y de los arbustos. En otoño debían de alimentarse sólo de las hojas de los árboles y arbustos y de las frutas de los árboles. Cuando la temperatura era más fría, comían ramas y cortezas, a la que se sumaba su dieta de la estación templada.

## Dónde vivía

Los uros preferían los espacios abiertos y los climas templados. Se extendieron por toda Europa, grandes zonas de Asia y el norte de África. Se cree que habitaban en pantanos y bosques pantanosos, como los valles fluviales, los deltas y distintos tipos de terrenos cenagosos. Pero también se podían encontrar en tierras menos húmedas.

## El final

El proceso de declive de los uros comenzó en Europa occidental y acabó en Polonia. Una de las principales razones detrás de su extinción fue su domesticación. Cuando los humanos comenzaron a criarlos, se produjeron muchos cambios en su función y comportamiento, lo que, poco a poco, condujo a su muerte. Los científicos también creen que, dada la preferencia de los uros por los espacios abiertos, el verse confinados en densos bosques contribuyó a su desaparición. La otra razón fue la caza de los humanos. El último uro murió en 1627, en un bosque cercano a Jaktorow, en Polonia.

### ¡CURIOSO!

El uro era un buen nadador, pero no podía nadar largas distancias. Por eso no se han hallado en ninguna isla, como Japón, Chipre o Creta, que están alejadas de tierra firme.

**Definición:**

**Lira:** Instrumento de cuerda en forma de U originario de la antigua Grecia y similar a un arpa.

*En Porlock, Reino Unido, se halló el esqueleto de un uro con cicatrices que sugieren que mantuvo una lucha con otro congénere.*

# UNA VIDA AULLANDO

**En la mitología americana, el lobo gigante es una criatura aterradora con ojos feroces y dientes como el acero que ronda en la oscuridad.**

## Érase una vez...

En 1854, Francis Linck descubrió un fragmento de una mandíbula fósil a orillas del río Ohio. Pertenecía a un lobo gigante, y sugería que la familia del lobo se separó de un animal pequeño parecido al zorro en Norteamérica hace 9-10 millones de años. La familia se extendió por Asia y Europa, y son los antepasados de los actuales lobos, chacales, zorros y perros mapache.

## Cómo era

El lobo gigante era muy parecido al lobo gris actual. Medía entre 1,5 y 2 metros de largo y pesaba entre 50 y 91 kilos. Sus patas eran cortas y robustas en relación con su cuerpo, lo que sugiere que no era buen corredor.

Tenía una cabeza grande y ancha, pero con un cráneo pequeño. Los científicos creen que sus enormes dientes le servían para partir huesos. Esta creencia está apoyada por el hecho de que muchas de las coronas de los dientes fósiles hallados están muy desgastadas.

## Qué comía

El lobo gigante cazaba en manadas y, como las hienas, pudo ser carroñero o cazar presas grandes y más lentas. Su dieta la componían un gran número de herbívoros americanos.

## Su territorio

Aunque se desconoce la distribución exacta y el hábitat del lobo gigante, se cree que vivió por todo el continente americano.

## El final

El declive del lobo gigante comenzó hace 16.000 años, cuando la glaciación tocaba a su fin. Como consecuencia, la mayor parte de los grandes herbívoros, de los que dependía el lobo para comer, empezaron a morir. Al ser un corredor lento, no pudo cazar las especies más rápidas y, por ello, se vio obligado a subsistir como carroñero.
Por la misma época, aparecieron los humanos en Norteamérica. Es muy posible que el lobo muriera por los cambios ocasionados por los humanos. El lobo gigante se extinguió hace 10.000 años.

*Los fósiles que más abundan en las fosas de alquitrán de La Brea pertenecen a lobos gigantes, con más de 3.600.*

**¡CURIOSO!**
Algunos huesos de lobo gigante muestran cicatrices. Pudo herirse al cazar a los antiguos bisontes o caballos.

**Definición:**
**Corona:** Parte de los dientes que sobresale de la encía.

# ¡ES UN PÁJARO!

**Al ser el primer pájaro que ha existido se ganó el nombre de Protoavis, del latín "proto", que significa "primero" y "avis", que significa "ave". Sin embargo, la estructura de la cola y las patas traseras se parecía a la de los dinosaurios.**

## Érase una vez…

Este pájaro primitivo vivió hace entre 210 y 225 millones de años. Cuando se encontraron sus fósiles por primera vez, eran una mezcla de huesos de varios animales que murieron durante una inundación. Sin embargo, su descubridor, el doctor Sankar Chaterjee, estaba convencido de que los fósiles eran todos del Protoavis. Algunos científicos creen que los fósiles eran los de una especie que estaba evolucionando a ave y que podía volar.

## Cómo era

El Protoavis medía 35 centímetros de alto. Tenía mandíbula, con dientes sólo en la punta. Sus ojos eran grandes, como los del búho actual, y estaban situados en la parte frontal del cráneo, lo que sugiere que cazaba al atardecer o de noche. A diferencia de las aves de hoy, el Protoavis no tenía garras afiladas ni un pico ganchudo. El único rasgo común era una estructura ósea hueca y la caja torácica sobresaliente. Sin embargo, su cola y patas traseras se parecían a las de un dinosaurio.

## Qué comía

La ausencia de garras afiladas y pico ganchudo sugiere que el Protoavis se alimentaba de pequeños terópodos (una especie de dinosaurio) y otros invertebrados (criaturas sin esqueleto óseo).

## Dónde vivía

Se cree que el Protoavis vivió en el sur de Norteamérica, en la actual Texas.

## El final

La extinción del Protoavis también se achaca a cambios climáticos, en especial a las inundaciones, ocurridos durante la extinción del Cretácico-Terciario que acabó con los dinosaurios, y los reptiles nadadores y voladores, entre otras especies.

*El Protoavis tenía un cráneo estrecho y fuerte, sustentado sobre un cuello alargado en forma de S.*

### ¡CURIOSO!

Los científicos, que no creen que el Protoavis fuera un pájaro o que existió siquiera, piensan que el doctor Sankar Chaterjee se imaginó la existencia de este animal.

**Definición:**
**Inundación repentina:** Ocurre localmente y debido a la caída de mucha lluvia en poco tiempo.

# UN PEZ GRANDE

**Cuando se hallaron por primera vez los fósiles de este animal, parecían los de algún tipo de monstruo marino reptiliano Su largo cuerpo se asemejaba más al de una mítica serpiente marina que a una ballena, y por eso se le llamó Basilosaurus, que significa "rey lagarto" en griego.**

## Érase una vez...

En la provincia de El Fayum, en Egipto, hay un valle donde se han encontrado esqueletos de las primeras ballenas, hoy extintas. Se conoce como Wadi El-Hitan, o valle de las ballenas. Se cree que el valle es el resto fósil de una bahía poco profunda en la que habitó el Basilosaurus hace 37 millones de años. Los fósiles de este animal se hallaron por primera vez en Luisiana, EE UU, a principios de la década de 1800. Los restos egipcios pertenecían a otra especie de criatura. Esta antigua ballena esta relacionada con las actuales, si bien no es su antepasado.

## Cómo era

El Basilosaurus era un animal enorme de 6.300 kilos de peso. Su longitud, calculada en función de sus alargadas vértebras, era su rasgo más notable. Los machos medían unos 18 metros de largo, y las hembras 15. Se cree que se movía como una anguila. La estructura esquelética de la cola sugiere que tenía una pequeña aleta caudal, pero como la cola era muy larga, sus músculos tuvieron que ser muy poderosos para mover la aleta.

Tenía un cráneo en forma de cuña de 1,5 metros de largo. A diferencia de la ballena actual, no tenía orificio para expulsar el aire, y sí orificios nasales en la punta del morro. El Basilosaurus no estaba adaptado para nadar en alta mar, ni podía aguantar la respiración durante largo tiempo, pero sí tenía pequeñas extremidades posteriores.

## Qué comía

El Basilosaurus era carnívoro, y debía de comer tiburones, calamares, tortugas y otros mamíferos marinos. Su aguda vista y oído le ayudaban a encontrar su presa fácilmente.

## Dónde vivía

Esta gigantesca ballena primitiva nadaba en aguas costeras templadas, parecidas a los océanos tropicales actuales. Por eso debió de vivir en los mares poco profundos en torno a África y Europa.

## El final

La historia del Basilosaurus acabó hace casi 36 millones de años. Quizá la bajada de las temperaturas fue una de las razones de su extinción. Al ser un habitante de aguas templadas, no pudo adaptarse a sobrevivir en clima frío.

*Las mandíbulas del Basilosaurus tenían dos tipos de dientes: unos en forma de cono, con los que capturaba a su presa, y otros triangulares detrás, con los que la troceaba.*

**¡CURIOSO!**
Podía tragarse un tiburón de un bocado.

**Definición:**
**Aleta:** Estructura en forma triangular en la cola de un pez o de otras criaturas marinas que le ayuda a moverse en el agua.

# UNA LEYENDA VIVIENTE

**El celacanto debe su nombre a que sus vértebras eran huecas. En griego, "koilos" significa "hueco" y "akanthos" significa "espina". Es decir era un animal de "espina hueca".**

## Érase una vez...

El celacanto evolucionó hace 380 millones de años. Se creía que se extinguió hace 60 millones de años, pero, en 1938, se encontró un espécimen vivo frente a la costa este de Suráfrica, en el océano Índico. A pesar del largo tiempo transcurrido desde que apareció por vez primera, el pez no había evolucionado mucho, razón por la cual, en 1939, James Leonard Brierley Smith pudo identificarlo. Por eso se dijo que era un "fósil viviente".

## Cómo era

El antiguo celacanto era muy pequeño, con apenas 60 centímetros de largo. Pero los celacantos modernos pueden crecer hasta los 1,8 metros. Los ojos y el órgano del olfato están situados en la parte frontal del cráneo, mientras que el oído y el diminuto cerebro están en la parte posterior. En la cabeza tiene un órgano en forma de saco con el que puede detectar una presa oculta. Su esqueleto óseo está cubierto de escamas óseas de color azul plateado. También tiene aletas lobuladas y una cola trilobulada. Se llegó a creer que el celacanto podía caminar sobre la cola, pero hoy se ha determinado que en realidad le ayuda a moverse mejor en el agua, lo que lo convierte en un veloz nadador.

El antiguo celacanto tenía una boca y un mecanismo de alimentación muy simples, carente de dientes y mandíbulas, de manera que podía abrir una enorme boca. Los celacantos actuales, en cambio, han desarrollado dientes agudos y mandíbulas.

## Qué comía

El celacanto es un depredador pasivo, que nada despacio y se alimenta de lo que trae la corriente. Algunos fósiles del antiguo celacanto muestran restos de su última presa, y nos dicen que se alimentaba, sobre todo, de peces.

## Dónde vivía

Se han encontrado fósiles del antiguo celacanto en todos los continentes excepto en la Antártida. Habitó en el océano Índico occidental, entre Madagascar y la costa este de África. La presencia de fósiles en la cuenca del Mississippi ha demostrado que el celacanto podía aguantar una gran variedad de condiciones ambientales, desde agua salada a agua dulce. Como el celacanto no pudo competir por las presas con los peces modernos, probablemente se retiró a profundidades de entre 150 y 180 metros, donde otros no podían sobrevivir por falta de alimento.

## No es el final

Aunque los científicos no avistaron al celacanto hasta 1938, algunas veces los pescadores los atrapaban en sus redes en alta mar. Desde su descubrimiento, se han capturado 200 especímenes cerca de las islas Comores, frente a la costa africana, y algunos cerca de Madagascar y Mozambique.

Aunque hoy se desconoce la población exacta de celacantos, están en peligro de extinción. Sólo quedan mil ejemplares en las Comores.

**Definición:**

**Depredador pasivo:** Pez u otro depredador que se alimenta de invertebrados arrastrados por la corriente en superficie o en una columna de agua.

*El celacanto figura en la Lista Roja de especies vulnerables y en peligro de extinción de la Unión Internacional para la Conservación de la Naturaleza.*

El zoólogo surafricano J. B. L. Smith.

**¡CURIOSO!**

Las aletas del celacanto están formadas por huesos articulados, lo que le permite moverlas igual que nosotros movemos brazos y piernas.

# DEFINIENDO A LOS DINOS

**Hace millones de años, cuando no había humanos ni aves sobre la Tierra, unos animales gigantescos llamados dinosaurios dominaban el mundo. Son los animales que han poblado la Tierra con más éxito, durante más de 100 millones de años.**

## Un lagarto terrible

La palabra "dinosaurio" deriva de las palabras griegas "deinos", terrible, y "saura", lagarto. Sin embargo, los dinosaurios no eran en realidad lagartos, sino un tipo de reptiles, mucho mayores y más terroríficos que ningún otro animal por entonces.

## Enormes y poderosos

Algunos dinosaurios eran diez veces más grandes que un elefante. Incluso el más pequeño de ellos era más temible que los monstruos. Se cree que algunos dinosaurios podían volar, mientras que otros caminaban sobre dos patas. Ya no existen dinosaurios, pero los paleontólogos saben mucho sobre ellos por el estudio de sus fósiles (huesos, dientes, huevos y huellas que se han conservado).

## Un mundo perdido

Los primeros dinosaurios aparecieron sobre la Tierra hace entre 220 y 240 millones de años, en una era conocida como la "edad de los reptiles", o Era Mesozoica. Vivieron en casi todas las partes del mundo. Después, hace 65 millones de años, murieron de forma repentina y misteriosa.

## Sigue la cuenta

Nadie sabe cuántas especies de dinosaurios existieron. Se han encontrado 700 hasta ahora, y se siguen descubriendo más cada día. Algunos científicos también creen que las aves actuales evolucionaron a partir de los dinosaurios. De ser así, ¡es un campo en el que hay mucho que investigar!

**Definición:**
**Anatomista:** Experto en el estudio de la estructura de las diferentes partes del cuerpo de los animales y las plantas.

*El anatomista inglés, sir Richard Owen, acuñó el término "dinosaurio" en 1842.*

## ¡CURIOSO!

Los dinosaurios más grandes, como el Diplodocus y el Brontosaurus (Apatosaurus), eran mayores que un autobús o una casa. Pero no todos eran gigantes. El más pequeño tenía el tamaño de un pollo.

# ANTEPASADOS Y ORÍGENES

Los dinosaurios evolucionaron a partir de sus antepasados los arcosaurios hace unos 230 millones de años, durante la segunda mitad del periodo Triásico, casi 20 millones de años después de la extinción del Pérmico-Triásico que acabó con el 95 por ciento de la vida terrestre.

**Quizá el periodo de extinción más significativo ocurrió hace unos 248 millones de años. Conocida como la extinción del Pérmico, acabó con una gran parte del reino animal. Entre los que supervivientes estaban los reptiles prehistóricos que incluían especies como la de los arcosaurios, que daría origen a los dinosaurios.**

## Reptiles prehistóricos

Los antepasados de los dinosaurios eran reptiles pequeños, como lagartos. Aparecieron hace 330 millones de años, durante la Era Paleozoica. Los primeros dinosaurios evolucionaron hace entre 230 y 240 millones de años, durante la primera parte de la Era Mesozoica, en el periodo Triásico. Durante esta época, también evolucionaron los primeros mamíferos.

## Como cocodrilos

A los primeros dinosaurios conocidos, como el Chasmatosaurus, se les llamó "tecodontos". Eran reptiles carnívoros, de porte bajo, con dientes engastados en alveolos y caminaban a cuatro patas. De largas mandíbulas y colas, se parecían a los cocodrilos. Eran astutos cazadores que perseguían a su presa corriendo sobre las patas traseras, y, a veces, sobre las cuatro.

## Cuellos largos

Otro antepasado de los dinosaurios quizá fuera el Lagosuchus, un arcosaurio pequeño cuyo nombre significa "cocodrilo conejo". Tenía rasgos semejantes a los que presentan los dinosaurios plenamente desarrollados, como un cuello largo.

## Reptiles modernos

Los reptiles de hoy en día evolucionaron a partir de los dinosaurios y comparten muchos rasgos con ellos, como por ejemplo, los dientes, los huesos y la piel de los cocodrilos. Sin embargo, los reptiles que vemos hoy también son muy distintos en muchos aspectos: son mucho más pequeños que sus antepasados dinosaurios, no pueden ponerse en pie ni correr.

**¡CURIOSO!**

Los dinosaurios conocidos más antiguos del mundo se encontraron en la isla de Madagascar, frente a la costa este de África.

**Definición:**

**Evolución:** Es un proceso gradual de cambio y desarrollo que sufren los seres vivos.

# DATANDO DINOSAURIOS

**Los dinosaurios evolucionaron y dominaron la tierra durante la Era Mesozoica. Esta era abarcó millones de años, y se divide en tres periodos evolutivos: el Triásico (hace entre 245 y 208 millones de años), el Jurásico (hace entre 208 y 146 millones de años) y el Cretácico (hace entre 146 y 65 millones de años). Sin embargo, no todos los dinosaurios lograron vivir durante estos tres periodos. De hecho, se cree que unos pocos vivieron durante sólo uno o dos periodos mesozoicos.**

## Bienvenidos, dinosaurios

Los primeros dinosaurios evolucionaron durante la última mitad del Triásico. En su mayoría eran carnívoros, como el Eoraptor, el Coelophysis y el Herrerasaurus. Muchos animales se extinguieron al final del Triásico, y dejaron su hábitat libre para que prosperaran los dinosaurios.

## ¡Y se hicieron gigantes!

Durante el Jurásico, el supercontinente Pangea comenzó a separarse, pero las uniones de tierra aún existentes permitieron a los dinosaurios extenderse por todas partes. El Jurásico vio la aparición de los grandes dinosaurios, incluidos los herbívoros gigantes como el Braquiosaurus, el Camptosaurus y el Scelidosaurus.

## El periodo Cretácico

Cuando comenzó el Cretácico, varios continentes ya se habían separado. Esto permitió a la mayoría de los dinosaurios evolucionar hacia criaturas distintas. Una gran mayoría de los dinosaurios que evolucionaron en este periodo eran más pequeños que los del Jurásico. Entre los dinosaurios dominantes del Cretácico estaban el Iguanodon, el Triceratops y carnívoros como el Ornitomimus, el Deinonychus, el Tyrannosaurus rex, el Velociraptor y el Spinosaurus. Fue al final del Cretácico cuando se extinguieron los dinosaurios.

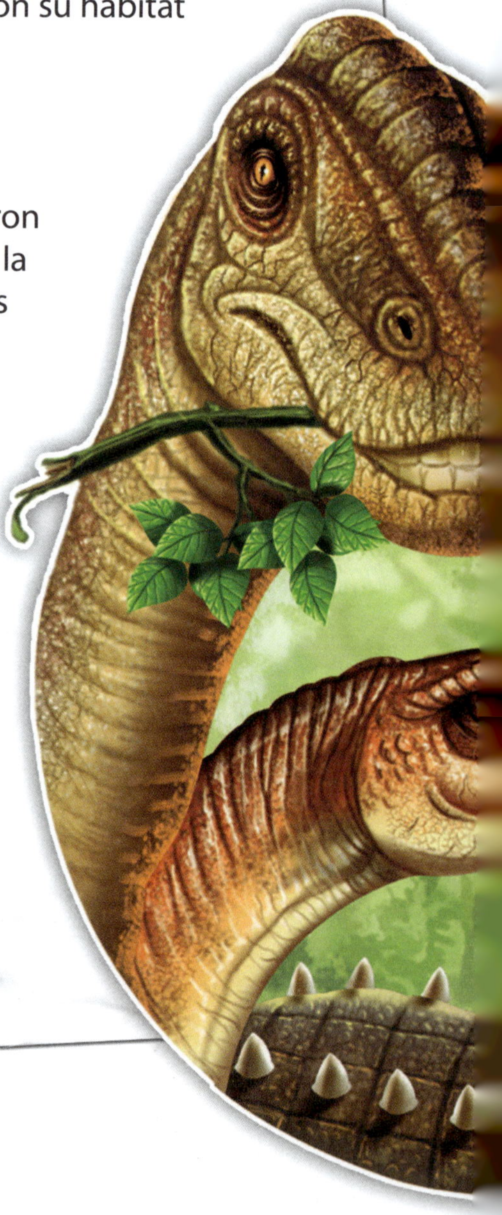

## ¡CURIOSO!

Durante el Cretácico, Pangea se separó en distintos continentes por ambos hemisferios. Esto provocó muchos cambios climáticos en la Tierra que, a su vez, llevaron a la aparición de las primeras flores y praderas.

*Los dinosaurios dominaron la Tierra desde el Triásico hasta el Jurásico y el Cretácico. De los animales terrestres que se conocen, casi todos los de más de un metro de longitud eran dinosaurios.*

**Definición:**

**Hábitat:** Es el entorno natural en el que vive una planta o un animal.

# TIPOS DE DINOSAURIOS

**Hay más de 700 tipos distintos de dinosaurios, y muchos más esperando a ser descubiertos. Dependiendo de la estructura de las caderas, los paleontólogos decidieron clasificarlos en dos grandes grupos: saurisquios y ornitisquios.**

## Con caderas de reptil

Los saurisquios tenían una estructura pélvica parecida a la de los reptiles. También tenían garras en las patas. Vivieron entre mediados del Triásico y finales del Cretácico. En ese grupo se incluían tanto carnívoros como herbívoros, y se contaban entre los dinosaurios más grandes y feroces. El Allosaurus ("lagarto distinto"), el Brontosaurus, hoy llamado Apatosaurus ("lagarto engañoso") y el Tyrannosaurus rex ("lagarto tirano") son algunos ejemplos de saurisquios.

## Herbívoros y carnívoros

Los saurisquios se dividen, a su vez, en dos subórdenes: terópodos (con pies de bestia) y saurópodos (con pies de reptil). Los saurópodos eran herbívoros, y a este grupo pertenecían la mayoría de los dinosaurios gigantes. Los terópodos, en cambio, eran feroces carnívoros.

## Con cadera de ave

Los ornitisquios tenían pezuñas y caderas similares a las de las aves actuales. Todos eran herbívoros. Vivieron entre mediados del Triásico y finales del Cretácico. El Iguanodon (diente de iguana), el Stegosaurus (lagarto de placas) y el Triceratops (cara con tres cuernos) pertenecen a este orden. Los ornitisquios se dividen, a su vez, en cuatro subórdenes: ornitópodos (pies de ave), estegosaurios (lagartos de placas), anquilosaurios (lagartos con armadura) y ceratópsidos (caras con cuernos).

*Los dinosaurios se dividen en dos grupos: saurisquios y ornitisquios en función del tipo de cadera. La palabra saurisquio deriva del griego "sauros", lagarto, e "ischion", cadera. Así pues, saurisquio significa con cadera de lagarto. Igualmente, ornitisquio viene del griego "ornitheos", ave.*

**Definición:**
**Carnívoros y herbívoros:**
Los animales carnívoros comen carne, y los herbívoros plantas.

**¡CURIOSO!**

Los saurópodos están entre los animales más grandes que han existido, seguidos sólo por la ballena azul. Incluso los más pequeños medían 6 metros de largo.

# DINOS VOLADORES

**¿Podían volar los dinosaurios? No hay pruebas claras sobre ello, pero la mayoría de los científicos cree que los pájaros actuales evolucionaron a partir de los dinosaurios, en concreto, de los terópodos, basándose en algunos fósiles encontrados. Quizá sería correcto decir que los dinosaurios no volaban, pero sí existieron reptiles voladores en la época de los dinosaurios.**

## Primos voladores

Varios reptiles voladores, como los pterosaurios, vivieron junto a los dinosaurios en la Era Mesozoica. Los pterosaurios no eran dinosaurios, pero sí estaban estrechamente relacionados con ellos. Se les podría llamar los "primos voladores" de los dinosaurios. Dominaron los cielos durante casi 150 millones de años.

## Un pájaro con dientes

El Archaeopteryx era un ave prehistórica con dientes y garras en las patas, como los dinosaurios. Vivió durante el Jurásico.

*El Quetzalcoatlus fue el mayor pterosaurio conocido. Tenía una envergadura de 11-12 metros, más que un avión F-16. El pterosaurio más pequeño era tan grande como un gorrión.*

## Fósiles con plumas

En China se han encontrado fósiles de dinosaurios con plumas. Las plumas de estos terópodos eran simétricas, lo que significa que no podían volar (las aves voladoras tienen plumas asimétricas). Probablemente las usaban sólo para exhibirse o para mantenerse calientes.

## Planeando

Otro dinosaurio con plumas era el Microraptor. Sus brazos y piernas estaban cubiertos de plumas de vuelo, lo que lo convertía en un terópodo de cuatro alas. Pero los científicos afirman que, más que volar, planeaba.

## Aves y dinosaurios parecidos

Las aves actuales y los terópodos se parecen en muchos aspectos. Tienen el mismo número de aberturas en la cabeza, la misma estructura en las patas, una postura erguida y plumas. Los dinosaurios también ponían huevos.

### ¡CURIOSO!

La palabra "archaeopteryx" significa "ala antigua". Esta ave prehistórica se considera el eslabón perdido entre dinosaurios y aves.

**Definición:**
**Simétrico:** Correspondencia exacta en la disposición de varias partes con respecto a un eje.

# HERBÍVOROS FELICES

**Más de la mitad de todos los dinosaurios que poblaron la Tierra eran herbívoros. Entre ellos se incluían los saurópodos, un gran grupo del periodo Jurásico. Los ornitisquios también eran herbívoros y habitaron varias regiones por todo el mundo entre mediados del Triásico y finales del Cretácico.**

## Los primeros

Los primeros dinosaurios herbívoros comunes, los prosaurópodos, aparecieron hace 220 millones de años. Medían 6 metros de largo, tenían el cuello muy largo y la cabeza pequeña. Se cree que murieron a principios del Jurásico.

## Los siguientes

Los ornitisquios, o dinosaurios con cadera de ave, incluían a los pesados estegosaurios, ornitópodos, hadrosaurios y anquilosaurios. Quizá sean los herbívoros mejor conocidos del Cretácico. Los hadrosaurios, o dinosaurios con pico de pato, fueron los ornitisquios más desarrollados.

## Los primeros dientes

Los dinosaurios herbívoros tenían dientes especializados en triturar el alimento. Con sus dientes romos y planos arrancaban y masticaban las plantas más duras.

## Una buena digestión

Los dinosaurios herbívoros tenían intestinos más grandes que los carnívoros, puesto que, no sólo comían más que éstos, sino que la celulosa de las plantas es más difícil de digerir que la carne. El tracto digestivo de los saurópodos tenía molleja, donde ¡unas piedras trituraban la comida!

## Qué hay en el menú

Si los paleontólogos querían descubrir exactamente qué plantas comía un herbívoro en particular, tendrían que encontrar un estómago fosilizado que contuviera los restos del alimento digerido. Algo que es más fácil de decir que de hacer. Por eso, los paleontólogos intentan adivinar la dieta de un dinosaurio estudiando su dentadura, la región y el periodo en los que vivió.

**Definición:**
**Molleja:** Parte del estómago de las aves donde se trituran las fibras vegetales más duras.

## ¡CURIOSO!

La dieta de un dinosaurio herbívoro debía de incluir helechos, cícadas, equisetos, musgos, semillas de helecho, coníferas y gingkos.

# LOCOS POR LA CARNE

**Los dinosaurios carnívoros eran menos numerosos que los herbívoros. De hecho, menos de la mitad de los dinosaurios eran carnívoros. Pero los que existieron, fueron los más feroces y peligrosos que jamás han existido sobre el planeta.**

## En pie

Los dinosaurios carnívoros normalmente caminaban erguidos sobre las patas traseras. Tenían una larga cola musculosa que mantenían recta para guardar el equilibrio. La mayoría tenían fuertes mandíbulas y dientes afilados.

## Grandes y pequeños

El Gigantosaurus era el carnívoro más grande, pero el Tyrannosaurus es el más conocido. Entre los carnívoros de menor tamaño estaban el Deinonychus y el Velociraptor. Con sólo un metro de altura, el Deinonychus tenía garras largas y curvadas para matar a su presa. El dinosaurio más pequeño conocido, el Compsognatus, tenía el tamaño de un pollo.

## ¡Un gran bocado!

La mayoría de los carnívoros tenían dientes grandes, afilados y puntiagudos para arrancar la carne de sus presas. Los dientes solían estar curvados hacia dentro y tenían estrías, como una sierra, para masticar la carne y los huesos más duros.

## Especialistas en velocidad

Los carnívoros eran los dinosaurios más rápidos. El Ornitomimus podía alcanzar los 70 kilómetros por hora. El Velociraptor, también llamado "ladrón veloz", podía correr tras su presa a 60 kilómetros por hora. Su velocidad convertía a estos dinosaurios en los mejores cazadores, sobre todo cuando atacaban a los herbívoros.

*Se cree que el Mapusaurus era el carnívoro de mayor longitud. Con 12,5 metros, superaba al Gigantosaurus en longitud y también tenía una tibia mayor. Pero el Gigantosaurus sigue considerándose el más grande porque era más ancho y pesado que el Mapusaurus.*

**Definición:**
**Tibia:** Es el hueso en la parte inferior de la pierna, entre la rodilla y el pie.

**¡CURIOSO!**

El Mapusaurus tenía un cráneo delgado y largo con dientes como cuchillas, ideales para trocear la carne. El Tyrannosaurus rex tenía un cráneo pequeño con poderosos dientes como agujas que podían atravesar el hueso de su presa.

# EL DINOSAURIO REY

**Quizá la criatura prehistórica más famosa sea el "rey de reyes", el Tyrannosaurus rex. Aun hoy, este aterrador titán es el que más literatura y películas ha generado. "Tyrannosaurus" significa "lagarto tirano". Su enorme dentadura y su aspecto sanguinario le han hecho ganarse la reputación de ser el dinosaurio más feroz.**

## Un animal enorme

También conocido como T-rex, este gigantesco carnívoro vivió durante el Cretácico. Se consideró el dinosaurio carnívoro más grande hasta que el título se lo arrebató el Spinosaurus. Se cree que el Tyrannosaurus era más largo que una furgoneta, más alto que un autobús de dos pisos y más pesado que dos elefantes juntos.

## Dientes y mandíbulas

La mandíbula del T-rex llegaba a los 1,2 metros, con 50-60 dientes como agujas afiladas que medían 15-20 centímetros cada uno (¡como un plátano!). Si se le rompían, le crecían otros nuevos en su lugar. El T-rex tenía una mordida cruzada, es decir, los dientes inferiores encajaban entre los superiores cuando cerraba la boca. ¡Podía comer 225 kilos de carne y hueso de un solo mordisco!

## ¿Carroñero o cazador?

En los últimos años han surgido dudas sobre la reputación del T-rex como un carnívoro salvaje. Algunos investigadores argumentan que no era un cazador temible sino tan sólo un carroñero, es decir, se alimentaba de animales muertos. Esta teoría ciertamente ha suavizado la imagen popular que se tenía del T-rex como feroz cazador.

## Un super cráneo

El cráneo del T-rex era enorme, de casi 1,5 metros de largo, poco menos que la estatura media del hombre. Las cuencas de los ojos tenían un diámetro de 10 centímetros y el de los globos oculares pudo medir casi 8 centímetros.

## Mini brazos

Aunque el T-rex era muy grande, sus brazos eran muy pequeños, de apenas un metro de largo, casi del tamaño de los del hombre. Eran demasiado pequeños para atacar, y también demasiado cortos para acercarse la comida a la boca. Se cree que le servían para incorporarse después de dormir o para arrancar carne de su presa.

### ¡CURIOSO!

Los paleontólogos han encontrado huellas de T-rex de 46 centímetros de largo, aunque su pie en realidad medía casi un metro. Esta diferencia se explica por que el T-rex, al igual que otros dinosaurios, caminaba de puntillas.

**Definición:**
**Mordida cruzada:** Es el solapamiento entre los dientes superiores e inferiores.

# ESTUDIANDO A LOS DINOSAURIOS

**El único modo que tenemos de aprender sobre los dinosaurios es estudiando sus fósiles y los restos de otras criaturas prehistóricas. Los científicos que estudian los fósiles son los paleontólogos. Dependiendo del estado de un fósil, el paleontólogo puede dar datos sobre su edad, tamaño, hábitos, dieta y mucho más.**

### Una cuestión de forma

Los científicos estudian la forma de los huesos de los dinosaurios para descubrir cómo vivían. Sus huesos nos hablan sobre la forma de su cuerpo, peso y postura. También indican cómo evolucionaron estas criaturas debido a los cambios medioambientales.

## Un rompecabezas

Es muy raro encontrar esqueletos completos de dinosaurio, por lo que los paleontólogos tienen que reconstruir el esqueleto entero a partir de cualquier resto. Pero encajar los restos de un dinosaurio es como armar un rompecabezas sin una imagen de referencia. Pero, a veces, se encuentran juntos los restos de muchos dinosaurios, lo que dificulta aún más el trabajo del científico.

## La historia de la piel

Nadie sabe de qué color eran los dinosaurios porque nunca se han encontrado muestras de piel que pudieran revelar su color o su forma. Los científicos creen que su piel debía de parecerse a la de los reptiles actuales.

## Recreando a los dinosaurios

La película Parque Jurásico mostraba cómo los científicos utilizaban la tecnología para resucitar a los dinosaurios en el mundo moderno. En la vida real, esto aún no es posible. Tampoco se podría criarlos, pues las condiciones medioambientales son muy distintas de las de la Era Mesozoica.

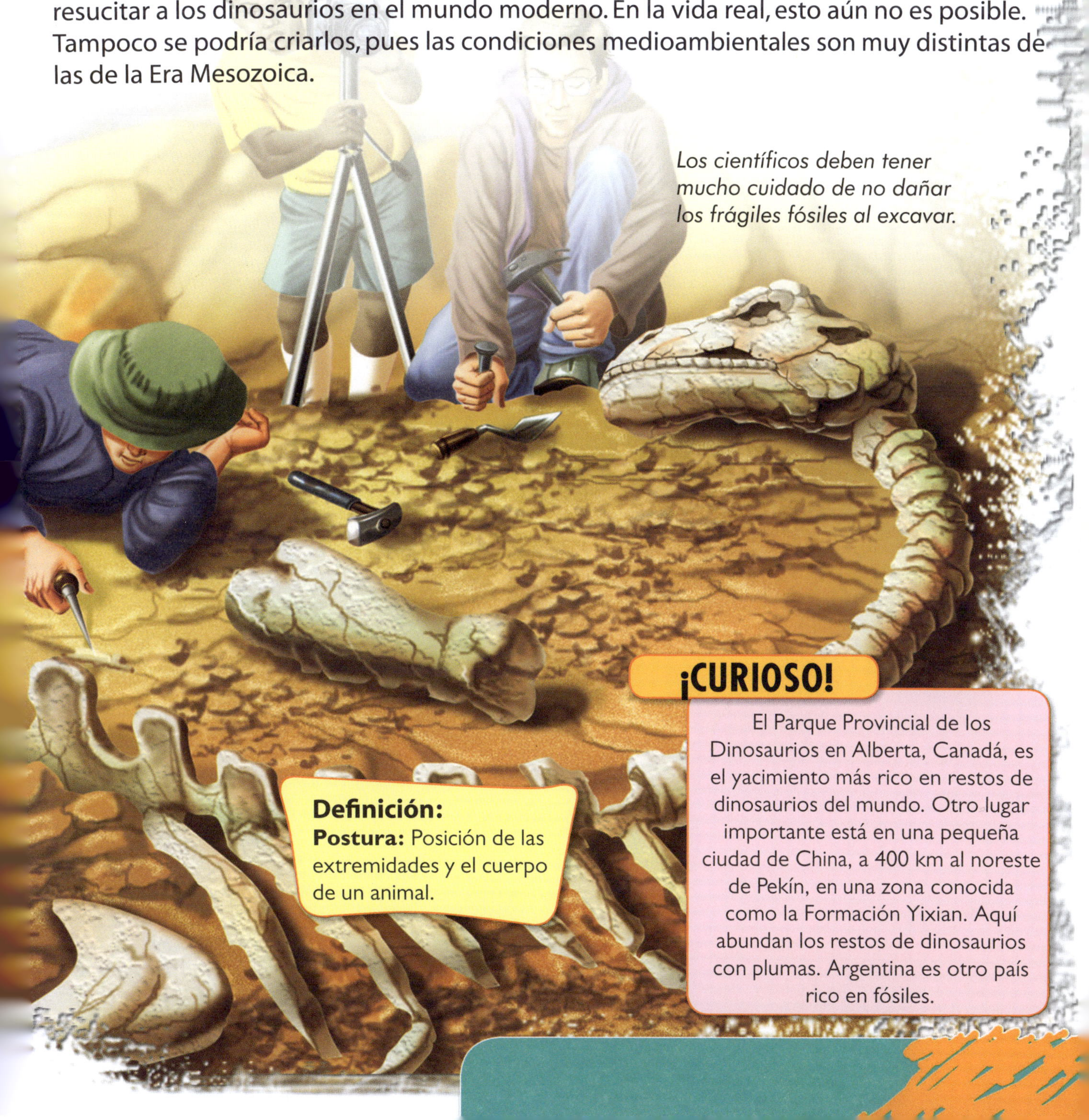

*Los científicos deben tener mucho cuidado de no dañar los frágiles fósiles al excavar.*

**Definición:**
**Postura:** Posición de las extremidades y el cuerpo de un animal.

**¡CURIOSO!**

El Parque Provincial de los Dinosaurios en Alberta, Canadá, es el yacimiento más rico en restos de dinosaurios del mundo. Otro lugar importante está en una pequeña ciudad de China, a 400 km al noreste de Pekín, en una zona conocida como la Formación Yixian. Aquí abundan los restos de dinosaurios con plumas. Argentina es otro país rico en fósiles.

# MEDIDAS DE PROTECCIÓN

**Imagina la Era Mesozoica, cuando los dinosaurios gigantes rondaban en busca de comida. Aunque los dinosaurios dependían de las plantas para sobrevivir, no eran en absoluto tiernos y pacíficos. Los científicos creen que eran habituales las peleas entre especies. Los dinosaurios carnívoros cazaban a otros dinosaurios. Por eso, estas criaturas no sólo iban provistas de terribles garras y picos para desgarrar la carne de su presa, sino que poseían rasgos únicos para protegerse y defenderse de los dinosaurios más grandes.**

## Enormes y seguros

Algunos dinosaurios como el Apatosaurus, el Diplodocus y el Supersaurus eran tan grandes que ya sólo su tamaño era su mejor defensa. Su tamaño era tal que sólo los grandes carnívoros podían con ellos.

## Con armadura

Dinosaurios como el Euoplocephalus, Anquilosaurus y Sauropelta tenían placas en el lomo y los costados que les servían como armadura, de manera que a los carnívoros les resultaba muy difícil atacarlos. De hecho, la única parte desprotegida de su cuerpo era la panza. Para atacar en esa zona, un depredador tenía que dar la vuelta a su presa, lo cual no era fácil dado su peso.

## Cuernos, garras y pinchos

El Triceratops y el Kentrosaurus tenían pinchos afilados en el cuerpo que los protegían de los mordiscos de los carnívoros. Algunos saurópodos, como el Iguanodon, tenían grandes garras que podían atravesar la piel de un depredador.

## ¡A cabezazos!

En los combates entre dinosaurios, algunos con gruesos cráneos podían atacar a sus adversarios a cabezazos. Otros dinosaurios, como los anquilosaurios, tenían colas óseas que podían utilizar como garrotes.

## ¡CURIOSO!

El Pachycephalosaurus tenía un cráneo grueso, pero un análisis a fondo de sus fósiles ha revelado que no era rígido. Al atacar a un enemigo de un cabezazo, su cola tendría que haber estado alineada con el cráneo. Por eso, al golpear a su enemigo, la fuerza del impacto se habría transmitido por la columna hasta la cola, lo que protegería el cerebro de cualquier daño.

**Definición:**
**Armadura:** Fuerte cobertura protectora para el cuerpo.

# ¡LOS DINOS ATACAN!

*Se cree que algunos dinosaurios cazaban en manada.*

**Los dinosaurios carnívoros eran feroces depredadores, y se aprovechaban de su tamaño. Su físico incorporaba "armas" con las que matar y comer a su presa, tanto en una emboscada como para defenderse.**

## El tamaño sí importa

Por su tamaño gigantesco, los dinosaurios resultaban depredadores extremadamente peligrosos. Gracias a sus fuertes patas y agudos sentidos eran muy ágiles y siempre estaban alerta cuando andaban tras una presa.

## Entre las garras

Las garras de los dinosaurios carnívoros eran afiladas y curvadas, diseñadas para agarrar y desgarrar. Los herbívoros tenían garras menos afiladas para escarbar en el suelo, hurgar entre los helechos y defenderse.

## Plan de ataque

Los científicos creen que algunos dinosaurios cazaban en manada, especialmente cuando atacaban a grandes saurópodos. Otros, como el T-rex, cazaban solos o en pareja.

## Combate entre dos

Unos fósiles descubiertos en el desierto del Gobi, en Mongolia, a finales de los setenta, mostraban a dos depredadores en acción: los esqueletos de un Velociraptor y un Protoceratops mordiéndose y desgarrándose la piel mutuamente.

**Definición:**
**Emboscada:** Ataque súbito a una presa después de permanecer escondido y al acecho para tomarla por sorpresa.

**¡CURIOSO!**

El Baryonyx tenía una uña en el pulgar de 30 centímetros, muy afilada y con forma de hoz, ideal para coger peces.

# LA ERA DE LA EXTINCIÓN

**Cuando grupos de animales o plantas desaparecen por completo de su hábitat se dice que están extinguidos. Los dinosaurios se extinguieron hace unos 65 millones de años, de repente. El motivo de su desaparición sigue siendo un misterio, y hay varias teorías para explicar la inesperada muerte de estos poderosos gigantes.**

## ¡Bang!

En 1980, el físico experimental Luis Álvarez propuso una teoría sobre la desaparición de los dinosaurios. Sugirió que hace unos 65 millones de años, un asteroide golpeó la Tierra. La consecuencia del impacto fue la destrucción masiva de todos los dinosaurios. Según Álvarez, el impacto fue directo e indirecto. Cuando el asteroide colisionó, probablemente lanzó enormes cantidades de polvo y escombros a la atmósfera que impidieron el paso de la luz y el calor del Sol. Esto hizo desplomarse las temperaturas, lo que afectó a la supervivencia de los dinosaurios. El choque también produjo maremotos, terribles tormentas, terremotos y erupciones volcánicas. Estos cambios provocaron una reacción en cadena, en la que las plantas murieron primero, seguidas por los herbívoros gigantes y después los carnívoros.

## Un ambiente extremo

La actividad volcánica extrema, las lluvias ácidas y otros fenómenos naturales pudieron cambiar el clima de la Tierra significativamente durante la última mitad del Cretácico. Algunos científicos dicen que los dinosaurios no pudieron adaptarse y murieron.

**Definición:**
**Asteroide:** Objeto celeste rocoso que gira alrededor del Sol, junto con los planetas.

*El cráter Chicxulub, en el golfo de México, se formó tras el choque de un asteroide hace 65 millones de años. Tiene 180 kilómetros de ancho y 1.600 metros de profundidad. Se cree que su impacto provocó la extinción de los dinosaurios.*

## ¡CURIOSO!

Durante la era de los dinosaurios no hubo capas de hielo polar. La temperatura en los polos era 50 °C más alta que hoy. La composición de la atmósfera también era distinta. Los niveles de dióxido de carbono eran 12 veces superiores a hoy. La atmósfera contenía casi un 32-35% de oxígeno, mucho más que la de hoy, que contiene casi un 21%.

# EL MUNDO DE LOS ANFIBIOS

**¿Te imaginas pasar media vida dentro del agua y media vida fuera? Los anfibios pueden existir en ambos ambientes. Su nombre deriva del griego "amphibios", que significa "dos vidas". Ranas, sapos, salamandras, tritones y cecílidos son anfibios.**

## Húmedos y silvestres

La mayoría de los anfibios pasan su infancia en el agua y al hacerse adultos viven en tierra. Sin embargo, algunos viven toda la vida en el agua. La temperatura corporal de los anfibios es la misma que la de su entorno. Su piel húmeda no se seca aunque estén en tierra. Muchos respiran por la piel, aunque algunos tienen agallas cuando son crías. El cuerpo de un anfibio no tiene pelo, ni escamas ni plumas.

## Las crías

La mayoría de las crías de anfibio no se parecen en nada a sus padres. Por ejemplo, los renacuajos tienen cola y nadan en el agua, mientras que sus padres tienen patas y viven mayormente en tierra. Otros, como los tritones y las salamandras, sí se parecen a sus padres.

## Huevos en el agua

Las crías de anfibio nacen de huevos que ponen sus madres en el agua. Algunas esconden los huevos para que no se los coman otros animales. Curiosamente, el sapo partero lleva los huevos en su espalda.

*La rana tiene los ojos y la nariz encima de la cabeza, así que puede ver y respirar cuando tiene sumergido casi todo el cuerpo.*

**Definición:**
**Entorno:** Es la región en la que vive o existe un ser vivo.

**¡CURIOSO!**
Los primeros anfibios aparecieron hace unos 390 millones de años.

*Rana tomate*

**¿Has visto alguna vez una rana? Busca por la zona más húmeda del jardín o cerca de los manantiales en un bosque. Ahí puedes encontrar una rana saltando sobre sus fuertes patas traseras, o nadando impulsada por sus pies palmeados. Tiene la piel húmeda y viscosa, y grandes ojos saltones. ¿La oyes croar? Esta "canción" puede ser una llamada para atraer a las hembras o un aviso a otras ranas.**

## Árbol familiar

Otro animal relacionado con la rana es el sapo. En general, vive en zonas secas. Su piel es seca y verrugosa, y su cuerpo rechoncho, con las patas traseras cortas. El sapo común no tiene saco vocal.

## Trucos en la espalda

La mayoría de las ranas y los sapos tiene una coloración que les sirve de camuflaje. La rana hoja de las islas Salomón tiene el color y la forma de las hojas secas lanceoladas. Así se puede proteger de los depredadores, como los lagartos, las serpientes, los erizos, las aves rapaces y los peces grandes.

## Píntame de rojo

No todas las ranas y los sapos se mimetizan con el entorno. Algunos tienen colores tan brillantes que no pasan desapercibidos. A otros les gusta mostrar su vientre brillante cuando están en peligro. Los brillantes rojos, azules, amarillos y púrpuras de su piel avisan a los depredadores de que estos animales son venenosos.

*La piel de una rana refleja la misma cantidad de luz ultravioleta que su entorno inmediato. Así, se puede proteger de las serpientes y otros depredadores.*

*Rana arborícola enana*

## ¡CURIOSO!

Cuando se siente amenazada, la rana tomate se hincha con aire para aparentar ser demasiado grande para ser engullida.

**Definición:**

**Saco vocal:** Estructura en forma de saco hinchable que tiene la rana macho debajo de la garganta, y que usa cuando llama a las hembras para aparearse.

# SALAMANDRAS ESCURRIDIZAS

**Seguramente hayas visto ranas y sapos varias veces, pero puede que nunca hayas visto una salamandra. Esta tímida criatura prefiere salir de noche y mantenerse lejos de la gente. Aunque es un anfibio, no se parece a las ranas ni a los sapos.**

### ¿Lagartija o no?

La salamandra se parece a una lagartija. Tiene cuatro extremidades cortas y una cola larga. Al igual que la lagartija, también puede regenerar algunas partes de su cuerpo: si pierde las patas o la cola, le crecen otra vez en unos días. También puede regenerar partes de sus ojos y oídos. Pero si miras más detenidamente, una salamandra es muy distinta de una lagartija. Su piel es suave y húmeda, no como la piel seca y áspera de la lagartija, y no tiene escamas, ni plumas ni pelo.

*La salamandra gigante de China es la más grande del mundo y es completamente acuática. Puede alcanzar los 1,8 metros de largo.*

*Salamandra moteada*

## Hogar dulce hogar

Cuando son crías, la mayoría de las salamandras vive en el agua. Algunas siguen siendo acuáticas de adultas, pues no pueden vivir lejos del agua. En general viven en zonas húmedas, debajo de troncos o rocas con musgo o cerca de los arroyos. También les gusta vivir en la sombra, y suelen salir después de la puesta de sol. Por eso nunca las verás tumbadas al sol. Son, pues, animales nocturnos.

## ¿Qué hay para cenar?

Todas las salamandras son carnívoras. Su dieta incluye pequeños insectos acuáticos, peces, ranas, huevos de rana e incluso otras salamandras.

**Definición:**
**Escamas:** Células de piel muerta parecidas a copos o piel seca.

**¡CURIOSO!**
Las salamandras no emiten ningún sonido. Son animales mudos.

# EL MUNDO DE LOS REPTILES

**Serpientes, lagartos, cocodrilos y tortugas son criaturas muy diferentes entre sí. Mientras que las serpientes no tienen extremidades, los lagartos y cocodrilos tienen patas cortas y cola, y las tortugas tienen un caparazón duro. A pesar de sus diferencias, estos animales pertenecen a la misma familia: son reptiles. Además, esta familia incluye a los tímidos tuátaras de Nueva Zelanda.**

## Escamas

En general, la piel de los reptiles es áspera y escamosa, sin pelos ni plumas. Por ejemplo, los cocodrilos tienen duras escamas óseas, dispuestas a modo de armadura sobre la espalda. En las tortugas, las escamas óseas se han fusionado en un duro caparazón.

*Al arrastrarse por el suelo, la piel de las serpientes se va desgastando. Así que, cada pocos meses, mudan la piel.*

*Las protuberancias de la espalda del cocodrilo están hechas de queratina, la misma sustancia que en tus uñas, pelo y piel.*

## Baños al sol

Los anfibios y reptiles son animales de sangre caliente. Esto significa que su temperatura corporal cambia con el ambiente. Así, durante el día, la mayoría de los reptiles permanecen al sol para calentar su cuerpo antes de moverse a la sombra. Pero en los desiertos, las serpientes y los lagartos se entierran en la arena para evitar el potente sol. Durante el invierno, muchos reptiles hibernan para soportar el frío. El único lugar donde no hay reptiles es en el continente más frío: la Antártida.

*Algunos lagartos cambian de color al exponerse al sol; por la mañana, cuando hace frío, son de color oscuro y se aclaran al absorber los cálidos rayos de sol.*

*Una tortuga no muda el caparazón, sino que éste se endurece con el tiempo a medida que le crecen nuevas capas de queratina.*

**Definición:**
**Tuátara:** Reptil espinoso de Nueva Zelanda, parecido a una lagartija.

**¡CURIOSO!**
El reptil más grande es el cocodrilo de agua salada, con más de 6 metros de longitud; el más pequeño, el geco enano, mide menos que el pulgar de una persona. Si un cocodrilo de agua salada pudiera sostenerse sobre la cola sería más alto que una jirafa.

**Cocodrilos y caimanes están entre los cazadores más feroces que han vivido en el planeta. Otro reptil que se les parece en forma y comportamiento es el gavial, que vive en la India. Los primeros antepasados de estos reptiles vivieron hace unos 250 millones de años, cuando los dinosaurios poblaban la Tierra. Su cuerpo no ha cambiado mucho en todo este tiempo. Por eso, algunas veces se les llama "fósiles vivientes".**

## Grandes y fuertes

La piel de los cocodrilos y caimanes es tan dura que parece una armadura. Tienen fuertes escamas óseas que se engrosan con el tiempo. Estos animales miden entre 4 y 6 metros de largo, casi como dos mesas de ping-pong juntas. El cocodrilo más grande, el de estuario, algunas veces alcanza los 7 metros de largo, casi el ancho de una piscina olímpica.

## Las crías

Las madres cocodrilo ponen sus huevos en un nido en tierra. Cuando las crías están a punto de salir del huevo, llaman a su madre. Entonces, ella las coge delicadamente entre sus fauces y las suelta en el agua. Los cocodrilos se desarrollan en grandes grupos de crianza llamados manadas.

## Carne y más aún

Los cocodrilos y caimanes no ponen pegas a la comida. Se comen cualquier animal, incluso pájaros. Pescan o se abalanzan sobre animales que beben junto a la orilla. En una sola comida, un cocodrilo se puede comer una cebra, un nú, una garza e incluso a una persona.

*Una madre cocodrilo ataca a cualquiera que se acerque a sus huevos.*

**Definición:**
**Estuario:** Parte de la boca de un río donde se une con el mar, y que tiene forma de embudo.

**¡CURIOSO!**
En condiciones extremas, un cocodrilo puede estar sin comer hasta dos años.

# LENTO PERO SEGURO

**La tortuga es otro reptil fascinante. Camina muy lentamente y lleva un caparazón a la espalda, en el puede introducir la cabeza y las patas para esconderse. Sus primos, los galápagos y tortugas marinas, también tienen un duro caparazón, que es mucho más plano porque se mueven en el agua, pero no pueden esconderse dentro de él.**

## Árbol familiar

Aparentemente, en nada se parecen una estirada serpiente y una pesada tortuga. Pero lo cierto es que lagartos, serpientes y tortugas son todos reptiles. A las tortugas y galápagos se les llama quelonios. Todos los quelonios tienen un caparazón y una boca en forma de pico. El caparazón tiene forma de bóveda y es muy duro y robusto, para protegerlos de los dientes y las garras de los depredadores. La tortuga de las grietas del este de África es única: cuando se ve amenazada, no se esconde en su caparazón sino que se coloca en una grieta, y después se infla para que sus enemigos no puedan sacarla.

## Hábitos

Como todos los quelonios, las tortugas no pueden soportar temperaturas extremas. Les gusta estar calentitas. En los lugares fríos se tumban al sol. En los lugares cálidos, se entierran durante casi todo el día o se revuelcan en el barro. Caminan muy despacio, de manera que para dar un paso tardan varios minutos.

**Definición:**
**Caparazón:** Cubierta dura que protege el cuerpo de los quelonios.

**¡CURIOSO!**
Una tortuga puede llegar a los 150 años.

*El caparazón de la tortuga de caja americana es bastante alto y varía de color. Normalmente es verde oliva o canela, pero algunos tienen marcas. La piel es marrón, y en las patas delanteras y la cabeza tiene manchas amarillas o anaranjadas.*

# LA VIDA DE UN LAGARTO

**Otro reptil muy popular es el lagarto. Quizá lo hayas visto sobre un tronco en un día soleado, y probablemente fuera del color del árbol. O puede que hayas visto una lagartija en una pared. ¿Sabías que mucha gente acoge a los lagartos en sus casas para que se coman a las moscas y otros insectos molestos?**

## Un verdadero reptil

Los lagartos tienen la piel seca y escamosa. Pero algunos, como el lagarto piel de cocodrilo, tienen escamas brillantes que dan a su piel un aspecto húmedo. Estos lagartos se parecen a las serpientes, pues sus extremidades son muy cortas. Pero a diferencia de ellas, tienen párpados y oídos. Los oídos de los lagartos son orificios a ambos lados de la cabeza cerrados por una membrana timpánica. Los lagartos viven en los árboles, marismas, praderas y bosques. Tienen garras para aferrarse al suelo. El geco tiene más de 1.500.000 pelos finos en forma de gancho en cada pata que le permiten "pegarse" a las superficies.

## La cola

Cuando se ve en peligro, el lagarto puede desprenderse de su cola. Mientras el enemigo es engañando por la cola que sigue meneándose en el suelo, el lagarto se escapa rápidamente. A los pocos días le crece una nueva.

*Los lagartos monitores del Nilo tienen las fosas nasales en la parte superior del hocico, pues son animales mayormente acuáticos. También son excelentes escaladores y rápidos corredores.*

***Anatomía interna de un lagarto hembra***

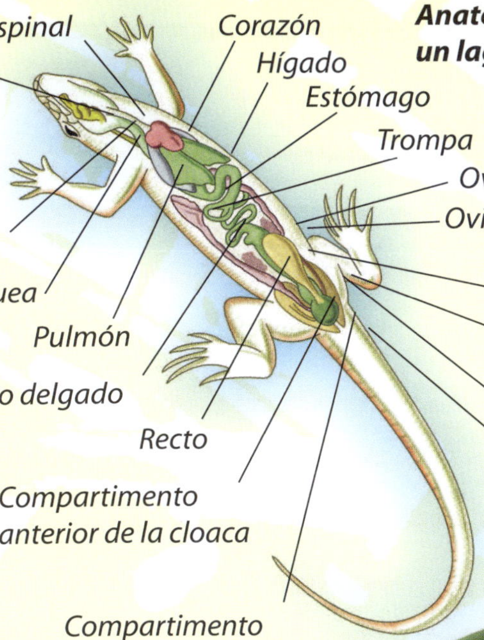

## ¡CURIOSO!

La lengua pegajosa del camaleón es más larga que su cuerpo. La lanza para coger con ella la comida y la enrolla dentro de la boca en cuestión de segundos.

El geco no tiene párpados, sino una escama en cada ojo que actúa como lente de contacto, y se las limpia con la lengua, como un limpiaparabrisas.

Normalmente, los camaleones son casi planos. Pueden girar los ojos y mirar en dos direcciones distintas al mismo tiempo.

**Definición:**
**Marisma:** Tipo de tierra húmeda con prados, juncos y cañas.

# LAGARTOS LETALES

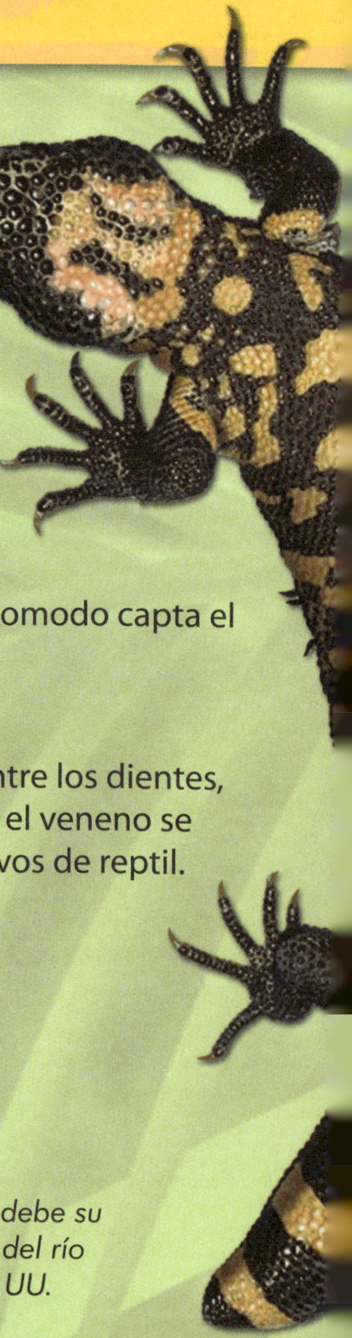

**El lagarto que hayas podido ver en tu jardín es inofensivo. Come, sobre todo, insectos y ayuda a mantener el lugar libre de plagas. Pero no todos los largartos son inofensivos. Algunos son venenosos y utilizan su veneno para matar a sus presas. La mayoría se cuentan entre los más grandes del mundo. Dada su fuerza, no tienen enemigos naturales.**

## Grande y fuerte

El dragón de Komodo no escupe fuego, pero tiene ese nombre por su aspecto terrorífico. Es un tipo de lagarto monitor y tiene afiladas garras y una cola tan larga como su cuerpo. Muerde a sus víctimas con sus dientes afilados como cuchillas, y el veneno de la saliva infecta a su presa, que bien muere al instante o a los pocos días. El dragón de Komodo capta el olor de las presas muertas o moribundas y se apresura a comérselas.

## Monstruos en la naturaleza

Al igual que el dragón de Komodo, el monstruo de Gila tiene veneno entre los dientes, que inyecta a su víctima al morderla, y luego mastica su carne para que el veneno se mezcle con su sangre. Su comida favorita son los ratones, pájaros y huevos de reptil.

*Los largartos de cuentas mexicanos son venenosos. Antes, se creía que sólo éstos y los monstruos de Gila eran venenosos. Pero algunas iguanas y lagartos monitores también lo son.*

*El monstruo de Gila debe su nombre a la cuenca del río Gila, en Arizona, EE UU.*

## ¡CURIOSO!

Hace tiempo, se creía que algunos lagartos (como los dragones de Komodo) eran un aviso de la presencia de cocodrilos en una zona. De ahí el nombre de lagartos "monitores".

**Definición:**
**Carcasa:** cuerpo de un animal muerto.

*El dragón de Komodo, el lagarto más grande del mundo, vive en varias islas de Indonesia (incluida Komodo, que le da su nombre). Este lagarto monitor come carcasas de animales, jabalíes, cabras, ciervos, búfalos de agua e incluso dragones de Komodo más pequeños.*

*El perentie, el lagarto monitor australiano, es un ágil cazador que incluso come crías de canguro.*

# LAGARTOS RAROS

**¿Has oído hablar de lagartos voladores o con un collar alrededor del cuello? No son criaturas imaginarias. Existen de verdad. Estos rasgos especiales son un mecanismo de defensa que les ayudan a espantar a sus enemigos.**

## El volador

Los lagartos normalmente no vuelan, pero hay algunos que sí. Estos lagartos voladores tienen dos membranas de piel a cada lado del cuerpo. Estas membranas actúan como alas que les sirven para planear y abatirse sobre su presa.

*Al igual que otros lagartos, el lución puede desprenderse de su cola, pero no le vuelve a crecer por completo.*

## ¿Es un lagarto?

El sapo cornudo de Norteamérica no es un sapo sino un lagarto. Tiene el cuerpo rechoncho de un sapo y dos cuernos encima de los ojos. El lución es otro lagarto que no se parece al resto de la familia. No tiene patas y su brillante cuerpo parece el de una serpiente, pero, a diferencia de ésta, el lución tiene párpados.

## Una bola con pinchos

El lagarto armadillo africano tiene un cuerpo espinoso que alcanza los 25 centímetros. Es de color marrón y adopta una característica postura de defensa enroscándose sobre sí mismo.

*Cuando se encuentra en peligro, el lagarto armadillo se enrosca sujetando la cola en la boca y escondiendo el vientre entre sus afiladas escamas y espinas.*

*Cuando el sapo cornudo se ve amenazado, expulsa un chorro de sangre por los ojos. Su comida favorita son las hormigas, pero también come grillos, escarabajos, cochinillas, etc.*

## ¡CURIOSO!

El escinco rugoso es muy difícil de capturar, pues su cola se confunde con la cabeza. Así, el enemigo no sabe si este lagarto va o viene.

*El clamidosaurio australiano juega al despiste cuando se ve en peligro. Despliega el collar alrededor del cuello, silba y salta hacia el enemigo para espantarlo.*

**Definición:**
**Mecanismo de defensa:**
Característica que permite a una criatura defenderse de sus enemigos.

# SERPIENTES REPTADORAS

La serpiente pertenece a la misma familia que la tortuga, pero no se parecen en nada. No tiene su caparazón ni sus robustas extremidades. De hecho, una serpiente no tiene patas. Parece una cola con una boca. Quizá pienses que todas las serpientes son iguales. Sin embargo, te sorprenderá saber que hay más de 2.500 tipos distintos en el mundo. Algunas son venenosas, y otras matan a su presa enroscándose sobre ella hasta asfixiarla. La mayoría de las serpientes son terrestres pero algunas viven en ríos, lagos e incluso mares.

## Una piel nueva

Cuando una serpiente crece, se hace larga y gruesa. Debido a ello, su piel se estira. Como repta por el suelo, su piel se vuelve áspera y se daña. Para mantenerla brillante, limpia y ajustada a su cuerpo, la serpiente cambia de piel regularmente. A esto se llama muda, es decir, crece una piel nueva para sustituir a aquella de la que se desprende.

## ¿Y la columna vertebral?

Viendo una serpiente, pensarás que no tiene huesos. Se mete por las grietas más estrechas en el suelo o en los árboles. Pero lo cierto es que tiene más huesos en la espalda que ningún otro animal. Estos huesos, llamados vértebras, están unidos entre sí por miles de músculos que la serpiente puede mover de varias maneras: de lado, serpenteando y formando grandes anillos.

## ¿Tiene o no tiene dientes?

Algunas serpientes no tienen dientes, y otras los tienen muy afilados. No los utilizan para desgarrar o masticar la comida sino para atrapar a su presa, a la que se tragan entera. Las serpientes venenosas tienen un par de largos colmillos afilados, con los que inyectan el veneno a sus presas.

*A diferencia de otras serpientes, la víbora de Peringuey de Namibia se mueve de lado y deja un rastro inconfundible en la arena.*

**¡CURIOSO!**
Las serpientes sacan su lengua bífida para captar y reconocer el olor de su presa.

**Definición:**
**Rastro:** Marca dejada por algo o alguien que ha pasado por una superficie.

# DEPREDADORES VENENOSOS

**Los caimanes y cocodrilos atrapan a su presa y la hacen pedazos antes de tragársela. Muchos lagartos pican a su presa para aturdirla. Las serpientes emplean otro método para cazar. Muchas inyectan veneno a su presa, y éste no siempre mata; puede provocar ceguera, debilidad muscular, parálisis y, a veces, la muerte. Las serpientes más venenosas del mundo pertenecen a la familia de los Elápidos, que incluye cobras, mambas, taipanes y serpientes marinas. Otras serpientes venenosas son las víboras.**

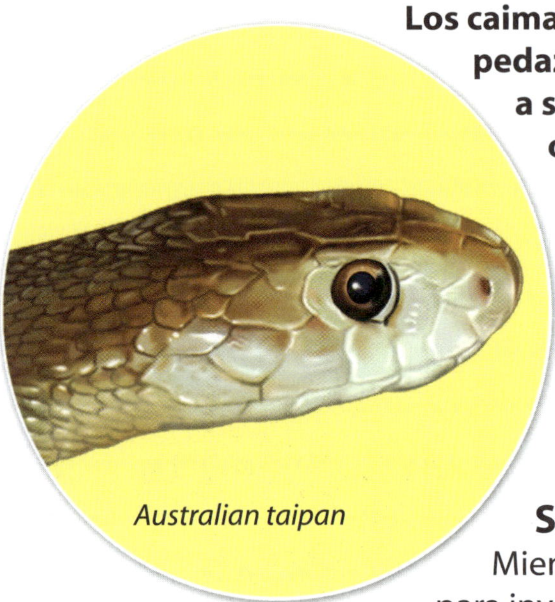

*Australian taipan*

## Serpientes que escupen

Mientras que algunas cobras muerden a sus víctimas para inyectarles el veneno, otras escupen el veneno hacia su presa. Apuntan a los ojos, lo que provoca un agudo dolor e incluso ceguera. Estas serpientes no atacan a la gente, excepto si se ven amenazadas. Sólo 57 gramos de veneno de la cobra real pueden matar a 20 personas.

## La mordedura de la muerte

Las mambas, parientes de las cobras, son muy venenosas. Son serpientes nerviosas y atacan rápidamente. Si no se trata a tiempo la mordedura de una mamba, puede matar a una persona en sólo unas horas. Las víboras también son muy peligrosas. Muchas viven en lugares fríos, donde otras serpientes no pueden sobrevivir. Su piel les ayuda a camuflarse en su entorno. Si se ven acorraladas, las mambas atacan repetidamente. Se dice que han llegado a tumbar a una cría de jirafa un león con su veneno.

*Víbora de Gabón*

*Mamba*

**Definición:**
**Parálisis:** Incapacidad para mover una parte del cuerpo.

## ¡CURIOSO!

La serpiente más venenosa del mundo, la serpiente marina de Belcher, es 100 veces más mortífera que la serpiente terrestre más venenosa.

*Cuando se ve amenazada, la cobra real despliega su "capucha" y se yergue en el suelo para mirar a su enemigo a los ojos. Esta capucha presenta unas manchas que parecen un par de anteojos. Las cobras reales son famosas por el cuidado único que brindan a sus crías. La pareja colabora para encontrar un buen nido de cría. A pesar de no tener extremidades, la hembra puede juntar hojas muertas para hacer un nido.*

# SE ENROSCA Y MATA

**No todas las serpientes son venenosas. Algunas matan a su presa enroscándose fuertemente a su alrededor. Son serpientes constrictoras, como las boas y las pitones. Algunas constrictoras sólo miden unos centímetros, pero otras, como la boa constrictor, pueden superar los 5 metros. Una de las serpientes más largas del mundo, la anaconda de Sudamérica, es una boa constrictor. Estas serpientes tienen un grueso cuerpo musculoso.**

## De caza

Las pitones y boas no ven muy bien. En su lugar, captan el olor del entorno con su lengua bífida para detectar la comida. También tienen receptores de temperatura cerca de las fosas nasales para localizar a los animales de sangre caliente. Las boas y pitones también tienen en la cabeza unos órganos capaces de detectar el calor que son muy sensibles, pues pueden notar una ligera variación de 0,0020 °C. Esto les ayuda a moverse y encontrar a su presa en la oscuridad.

## Hora de cenar

Una vez que una constrictora localiza su comida, sujeta a su presa con las mandíbulas y se enrosca lentamente sobre ella hasta asfixiarla. Después se la traga entera. Al igual que otras serpientes, las constrictoras no mastican la comida. Necesitan semanas para digerir un gran bocado, como por ejemplo un antílope. Comen roedores, pájaros, monos, lagartos e incluso cocodrilos y ciervos.

## Un asesino en la madriguera

La pitón woma de Australia come, sobre todo, roedores. A diferencia de otras pitones y boas, no caza en campo abierto sino en madrigueras. En vez de enroscarse alrededor de su presa, la aplasta contra las paredes hasta matarla.

**Definición:**
**Aplastar:** Estrujar o comprimir algo usando la fuerza.

## ¡CURIOSO!

La mayoría de las serpientes sólo usa un pulmón para respirar, pero las constrictoras usan los dos.

*La pitón reticulada come ciervos, canguros y monos. Se sabe que han llegado a comer humanos.*

# GIGANTES EN MOVIMIENTO

**En la antigüedad, la gente creó cuentos sobre misteriosos monstruos parecidos a serpientes que rondaban los ríos y mares. Se decía que eran increíblemente largos y pesados. Con el estudio de la vida salvaje realizado por los zoólogos y el desarrollo de la ciencia, se supo que los antiguos no estaban del todo equivocados. De hecho, puede que vieran serpientes increíblemente grandes. Sabemos que algunas son incluso más largas que las alas de un avión de pasajeros.**

## ¿Largas o cortas?

No es fácil medir la longitud de una serpiente. Cuando se atrapa a una, tiende a enroscarse sobre sí misma. Cuando muere, su cuerpo se estira y parece mucho más larga de lo que era cuando estaba viva. Esto hace casi imposible saber la longitud exacta de cualquier serpiente viva.

*Las mandíbulas de una constrictora no están directamente articuladas, lo que le permite abrir la boca hasta el punto de tragarse no sólo animales pequeños, como una rana, sino mucho más grandes que ella.*

## Larga, más larga, larguísima

Una serpiente nunca para de crecer. Sigue haciéndose más larga y gruesa aunque sea vieja. La serpiente más pesada del mundo es la pitón burmese. Pesa cerca de 200 kilos, casi igual que un tigre siberiano. Otra gigante es la pitón reticulada, la serpiente más larga del mundo. Un ejemplar de Indonesia superó los 10 metros.

**Definición:**
**Zoólogo:** persona especializada en el estudio de la vida salvaje.

### ¡CURIOSO!

A diferencia de otros reptiles, las anacondas no ponen huevos sino que paren a sus crías. La madre mantiene los huevos dentro de su cuerpo hasta que eclosionan. Después empuja a las crías al exterior.

*Una pitón real, también llamada pitón bola, es de color negro y marrón, con el vientre amarillo canela. Vive entre 20 y 40 años.*

# LAGARTOS DEL PASADO

**Los dinosaurios aparecieron hace unos 250 millones de años. Durante más de 100 millones de años dominaron el planeta. Después, desaparecieron de repente. Los humanos nunca han visto un dinosaurio pero los científicos han descubierto sus fósiles, que nos dicen mucho sobre estas criaturas y su comportamiento.**

## La familia dinosaurio

Esta familia comprendía dos tipos de dinosaurios: con cadera de ave y con cadera de reptil. Todos los de ave eran herbívoros, mientras que los de cadera de reptil incluían herbívoros y carnívoros.

## Grandes y pequeños

La mayoría de los dinosaurios eran muy grandes. El más pequeño debía de tener el tamaño de un pollo, mientras que el más grande pesaba 70 toneladas (un elefante, el mayor mamífero terrestre actual, pesa cinco toneladas).

## Sus dientes

Los dinosaurios tenían distinta dentadura. Algunos tenían dientes estrechos para masticar hojas. Otros eran como estacas para machacar la comida. La mayoría de los herbívoros tragaban piedras para triturar las plantas más duras en el estómago.

## Su desaparición

La extinción de los dinosaurios sigue siendo un misterio. Algunos científicos creen que murieron porque se hicieron tan grandes que no pudieron moverse sin caerse. Otros sugieren que el cambio climático de finales del periodo Cretácico hizo difícil su supervivencia. Otra teoría dice que un gran cometa chocó contra la Tierra, y como consecuencia murieron todos los dinosaurios. Algunos científicos también creen que fueron erupciones volcánicas casi continuas las que llevaron a su muerte.

*La teoría más aceptada es que un asteroide chocó contra la Tierra hace 65 millones de años. El impacto provocó una serie de erupciones volcánicas. Las altas temperaturas y la lava pudieron acabar con todas las formas de vida sobre la Tierra.*

## ¡CURIOSO!

Los dinosaurios herbívoros nunca pastaron, pues no había prados en su época. Las primeras hierbas aparecieron 125 millones de años después de su extinción.

**Definición:**
**Fósiles:** estos de un animal o planta que vivieron hace miles de años.

# OCÉANOS DEL MUNDO

**Imagínate flotando en el espacio y mirando desde ahí arriba hacia el planeta Tierra. ¿Qué es lo que se vería cubriendo casi la Tierra? Sí, el agua. Nuestros océanos son más grandes y profundos de lo que imaginamos. El agua constituye el 71 por ciento de la superficie del planeta, que es el único del sistema solar en el que hay este elemento. De hecho, los científicos creen que la vida surgió en los océanos hace entre 3.100 y 3.400 millones de años.**

## Cinco océanos

Cinco océanos cubren las tres cuartas partes de la superficie terrestre. De mayor a menor son: el Pacífico, el Atlántico, el Índico, el Ártico y el Antártico. Están todos conectados entre sí y con todos los mares del globo. Los mares son ramificaciones más pequeñas de los océanos y están rodeados, en parte, por tierra. Estas grandes masas de agua juegan un papel muy importante en nuestra vida diaria. El calor del Sol evapora el agua de los océanos y produce lluvia. Las corrientes oceánicas distribuyen esta agua caliente por el globo. El agua de los océanos enfría la tierra durante el día y la calienta por la noche. Los océanos producen la mitad del oxígeno que respiramos y son los responsables, para bien o para mal, de la variación diaria de la temperatura y del tiempo meteorológico.

## Agua, agua por todas partes...

Poca gente sabe que el 97 por ciento del agua de la Tierra es fría y salada. Los minerales que hacen que el agua sea salada proceden de las rocas de tierra, así como del interior más profundo del planeta. Las criaturas y microorganismos que sobreviven en los océanos salados no podrían sobrevivir en agua dulce. De hecho, todo el mundo adereza la comida a diario con un pellizco del océano: la sal marina.

## Sumérgete

Si te metes en el mar en una playa, unos metros más adentro el agua te cubre. El suelo marino se inclina hacia abajo, en algunos lugares de manera gradual y en otros de manera más abrupta. Es la plataforma continental y se parece a un paseo cuesta abajo que se hace más y más profundo. En el fondo del suelo oceánico hay un paisaje de montañas rocosas, valles arenosos y cañones fangosos.

*El océano Pacífico es el mayor del mundo. Ocupa un tercio de la superficie de la Tierra.*

**Definición:**
**Microorganismo:** Forma de vida tan pequeña que sólo puede verse con un microscopio.

**¡CURIOSO!**
Las olas sobre la superficie marina son originadas por el viento. Si el viento es suave, genera olas pequeñas, si es tormentoso, da lugar a olas más grandes. Las olas nunca avanzan de lado.

# ZONAS OCEÁNICAS

**¿Cuál es la profundidad del océano? ¿Tanta como la altura del monte Everest? Incluso más. En caída libre, se tardarían horas en llegar al fondo del océano y, por supuesto, nadie llegaría vivo.**

**Zona epipelágica o zona iluminada (0-180 metros)**
El sol incide sobre la superficie de los océanos y calienta sus aguas. Las aguas en esta zona están a 22 ºC, y el 90 por ciento de toda la vida marina vive a esta profundidad. Los organismos microscópicos, como las algas y el plancton, flotan aquí. Fabrican su alimento mediante fotosíntesis y, a cambio, proporcionan el 70-80 por ciento del oxígeno del planeta. Aquí viven, entre otras criaturas, cangrejos, anchoas, tiburones, rayas, medusas y tortugas marinas.

**Zona mesopelágica o zona no iluminada (180-1.000 metros)**
La luz del sol apenas llega aquí y la temperatura del agua es de 4 ºC. Las plantas que se encuentran aquí son las que caen de la zona iluminada. En esta región viven algas, peces linterna, peces víbora, dragones marinos y algunos tipos de gambas, calamares, pulpos y gusanos. Algunos generan su propia luz, y brillan en la oscuridad.

**Zona batipelágica o zona de medianoche (1.000-4.000 metros)**
Aquí no llega la luz del sol. Muchas criaturas son ciegas y se comunican por medio del sentido del olfato. La mayoría de los animales que viven aquí son muy pequeños, como el pez pescador, el pez trípode, la anguila hocicuda, la gamba opossum y el calamar vampiro. Los animales de esta zona no malgastan su energía persiguiendo presas, sino que esperan y se abalanzan sobre ellas. Pueden comer hasta dos y tres veces su peso.

**Zona abisal o zona profunda (4.000-6.000 metros)**
En el fondo de esta zona está el suelo marino. Las aguas fangosas están formadas por los restos y esqueletos de animales muertos. Aquí sobreviven las estrellas cesta y pequeños calamares.

**Zona hadal (6.000-10.000 metros)**
Esta zona está formada por grietas y cañones. Sorprendentemente, a esta profundidad gélida y oscura viven estrellas de mar, gusanos marinos y organismos unicelulares.

*El océano está dividido en cinco zonas, cada una de las cuales alberga distintas especies animales.*

Océanos del mundo / 80-81

**Definición:**

**Fotosíntesis:** Proceso por el que las plantas verdes, y otros organismos, utilizan la luz solar para fabricar su comida a partir del dióxido de carbono y el agua.

## ¡CURIOSO!

El punto más profundo bajo el mar es la fosa de las Marianas, en el océano Pacífico, a 10.923 metros de profundidad.

# MAMÍFEROS MARINOS -I

**Los mamíferos marinos paren a sus crías y las alimentan con su leche. Sus cuerpos están adaptados para almacenar oxígeno extra cuando se zambullen en aguas frías y profundas. La mayoría tienen una capa de grasa para mantener el calor. Los mamíferos marinos incluyen focas, leones marinos, nutrias marinas, dugones, manatíes, ballenas, delfines y marsopas.**

## Vacas marinas

Parecen elefantes, pastan como las vacas y viven en ríos, aguas costeras y tierras húmedas. Conocidos como vacas marinas, los manatíes y dugones son animales herbívoros y nunca abandonan el agua.

Los manatíes utilizan sus pequeñas aletas delanteras para gatear por el suelo oceánico, y su cola horizontal para avanzar. Suben a la superficie de tanto en tanto para tomar aire, incluso cuando están dormidos en el fondo marino. Viven en pequeños rebaños y se comunican con chasquidos y gorjeos. Consumen 150-200 kilos diarios de pasto, jacintos marinos y lechugas de agua. Los manatíes adultos alcanzan los 3,6 metros, y algunas especies pesan hasta 450 kilos. Una manera segura de hacerse amigo de un manatí es rascarle el estómago —¡les encanta! Los dugones se parecen mucho a los manatíes, pero su piel es más suave y son más estilizados.

Utilizan sus aletas puntiagudas para casi caminar sobre el lecho marino, y su cola redondeada para remar. Viven en aguas poco profundas, solos o en rebaños.

**Definición:**
**Pinípedo:** Mamífero carnívoro acuático, con extremidades como aletas.

## Pinípedos

Todos los pinípedos (focas, morsas y leones marinos) abandonan el agua al menos una vez al año, durante la época de apareamiento. La mayor parte de las focas del mundo viven en la Antártida y el Círculo Polar Ártico, aunque las focas de puerto y anillada viven en lagos de agua dulce. Los elefantes marinos tienen morros a modo de trompa y pesan más de 1.000 kilos. Algunas focas son de un solo color, pero otras, como la foca fajada, tienen marcas blancas. Utilizan sus aletas palmeadas para remar y virar en el agua. En tierra se arrastran sobre el vientre apoyándose sobre las aletas delanteras. Si tiene un bigote erizado y gruesos colmillos es una morsa. Después de un chapuzón en agua fría, les encanta tumbarse al sol junto a otras morsas. Se comunican con una serie de sonidos como ruidos secos, tintineos, silbidos y besos con el hocico. Si ruge, ladra, gruñe y brama, entonces es un león marino. Estos animales tienen pequeñas orejas a ambos lados de la cabeza. Con ayuda de sus aletas traseras se mueven por las playas de arena y rocas. Mueven sus largos bigotes en el agua en busca de comida.

## Nutrias marinas

Se parecen a las focas, pero están relacionadas con las comadrejas. Su piel es la más gruesa de todo el reino animal. Son los únicos mamíferos, a parte de los primates, que utilizan rocas y otros objetos para abrir la comida.

*Un descanso ayuda a los mamíferos marinos a prolongar sus inmersiones.*

**¡CURIOSO!**

El oso polar se considera un mamífero marino porque es un experto nadador, y caza sobre todo focas fajadas y barbudas en el mar helado.

# MAMÍFEROS MARINOS -II

**Batir las aletas, zambullirse desde muy alto, expulsar chorros de agua, dar grandes saltos y echar la cabeza atrás son algunos de los comportamientos más fascinantes de estos majestuosos animales de cuerpo con forma de torpedo. Existen más de 70 especies de ballenas, delfines y marsopas en las aguas del Pacífico y el Atlántico.**

## Ballenas, delfines y marsopas

Los delfines tienen morros en forma de pico y dientes serrados, mientras que las marsopas son más pequeñas, con morro chato y dientes tallados. Algunas ballenas, como el cachalote, la ballena piloto, la beluga y el narval, tienen dientes; otras tienen placas fuertes y elásticas, llamadas barbas, que filtran la comida. Las ballenas azul, sei, franca, minke, jorobada y gris son barbadas, y están entre los animales más grandes del mundo.

Los delfines son los mamíferos marinos más inteligentes. Las ballenas asesinas son los miembros más grandes de esta familia, con hasta 10 metros de largo. El delfín mular y el común son adorables, con esa sonrisa que parece pintar su boca. Algunos viven en aguas frías, otros en agua dulce, mientras otros, como el delfín mular, prefieren las aguas cálidas del trópico. Las marsopas nadan en las aguas frías y costeras del Pacífico y el Atlántico. Las marsopas de puerto, de anteojos, sin aletas y de Dall, entre otras, pueden nadar a 20 kilómetros por hora.

La ballena azul suele nadar con los tímidos rorcuales. Las ballenas grises cubiertas de percebes, las ballenas con aleta, las blancas belugas, las cantarinas ballenas jorobadas, los cachalotes de gran cerebro y los narvales con su largo comillo no tienen sentido del gusto ni del olfato.

## Una vida viajando

Los machos y las hembras de los mamíferos marinos viven y viajan en grupos llamados rebaños o manadas. Las hembras paren una sola cría, que crece a un ritmo vertiginoso, ganando 90 kilos de peso al día. Respiran por uno o dos orificios encima de la cabeza. Estos mamíferos utilizan ondas sonoras, que producen un eco bajo el agua, para localizar el tamaño, la dirección y la distancia de objetos y comida. Se comunican con una variedad de silbidos y chasquidos.

*Ballenas, delfines y marsopas despliegan diferentes comportamientos en la superficie, como saltar fuera del agua y levantar la cola en vertical.*

**Definición:**
**Torpedo:** Misil subacuático en forma de puro lanzado desde un submarino u otro barco de guerra.

**¡CURIOSO!**
Tan grande como un avión Boeing, y con un peso de 1.500 kilos, la ballena azul es el animal más grande de la Tierra.

# PECES CARTILAGINOSOS

**Estos peces no tienen huesos. Su esqueleto está hecho de cartílago, lo que les hace más pesados que el agua. Por eso siempre están nadando para mantenerse a flote. Tiburones, rayas y mantas son peces cartilaginosos, con fuertes mandíbulas móviles y escamas. Tienen la boca por debajo y los ojos encima de la cabeza. Su piel parece papel de lija, aunque la de los tiburones fantasma es suave. Tienen un par de branquias con entre 5 y 7 aberturas.**

## Tiburones

Con 3.000 dientes en una mandíbula flexible y la capacidad de masticar grandes trozos de comida, los tiburones son, quizá, las criaturas marinas más temidas. Su estómago se puede expandir para dar cabida a grandes comilonas. Los tiburones suelen nadar solos, aunque, a veces, cazan en grupo. El gran tiburón blanco, el tiburón toro, el tiburón tigre, el pez martillo y el tiburón gris de arrecife son los más agresivos, y se comen cualquier cosa, incluso humanos. Antes de echarse sobre su presa, la rodean, y suelen dejar que se desangre hasta morir antes de comérsela.

El tiburón leopardo, el cornudo, el ballena y el nodriza son escurridizos, tímidos e inofensivos para los humanos. Esperan tumbados en el suelo oceánico a que llegue su presa y se la tragan de golpe.

*El cuerpo de los peces cartilaginosos es más pesado que el agua; por eso nadan continuamente, para evitar hundirse.*

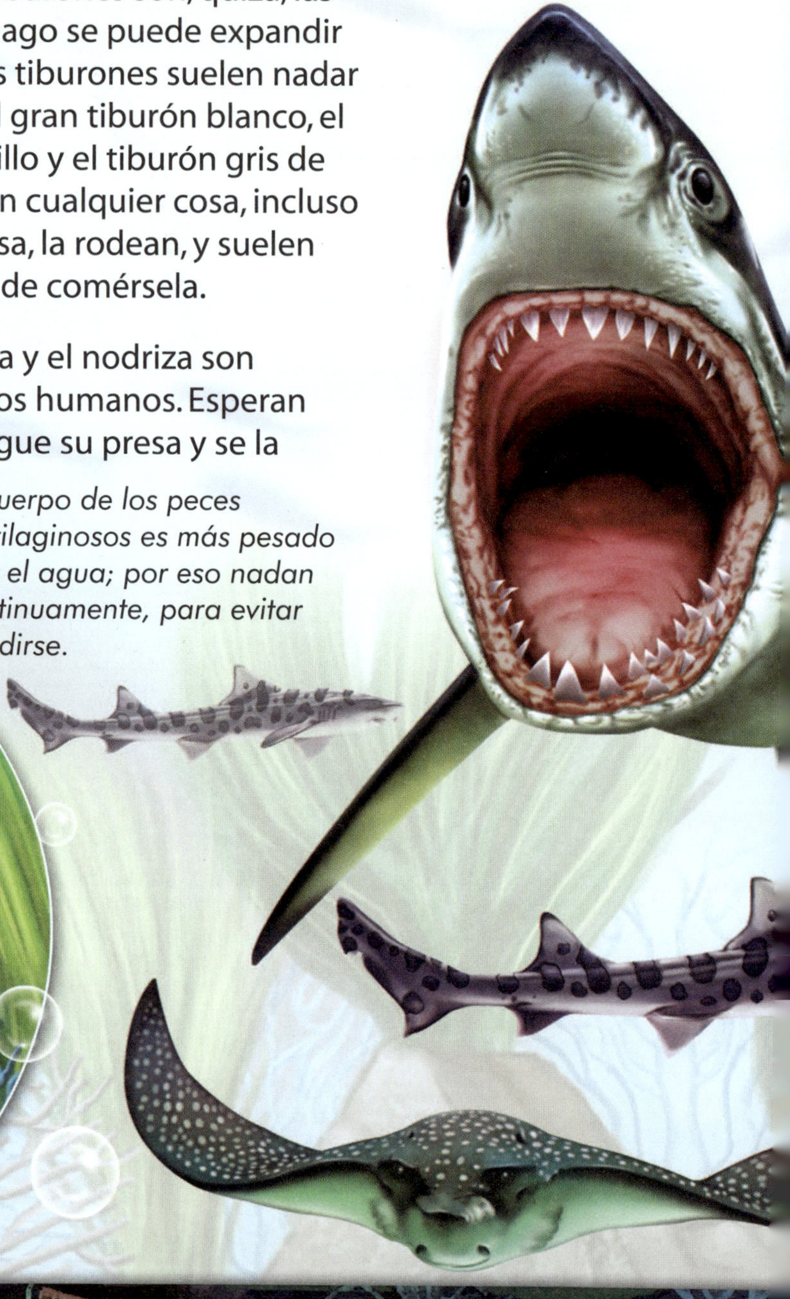

## Mantas y rayas

Las mantas y rayas parecen tiburones aplanados con alas. Tienen forma de crepe, y aletas que semejan alas a ambos costados. Las rayas se deslizan en el agua batiendo y ondeando sus aletas. Algunas, como la raya águila, tienen una larga cola, y otras, como la raya mariposa, la tienen corta. Mantas y rayas suelen lucir colores vistosos. Las más bellas son la pastinaca de puntos azules y la raya hialina.Las mantas alcanzan los 6,7 metros, pero son completamente inofensivas para el hombre. Pueden incluso saltar sobre el agua. Las rayas, como la raya látigo americana, tienen un aguijón venenoso en la cola con el que atacan a su presa. La raya eléctrica, que sólo mide 10 centímetros de ancho y pesa medio kilo, puede aturdir a sus víctimas con potentes descargas eléctricas.

## Quimera

Este pez de aspecto peculiar tiene grandes ojos y cabeza, cola de rata y grandes aletas como abanicos. Suelen "volar" sobre el fondo arenoso del mar.

**Definición:**
**Abertura branquial:**
Abertura por debajo de la cabeza de casi todos los peces, y algunos anfibios, por la que expulsan el agua.

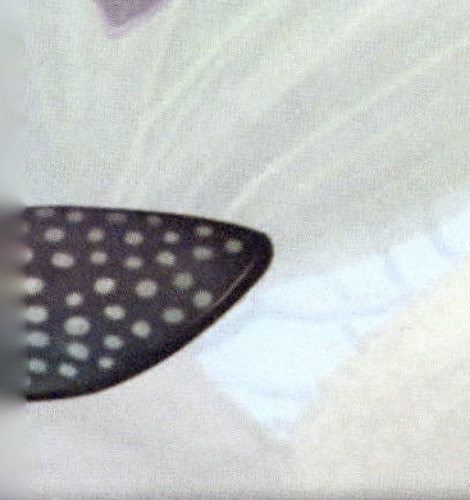

**¡CURIOSO!**
Cuando se juntan varios tiburones para cazar, su excitación va en aumento y caen en un frenesí que incluso les lleva a atacarse unos a otros.

# INVERTEBRADOS-I

**Los invertebrados son criaturas sin columna vertebral y de sangre fría (su temperatura corporal depende de la temperatura del medioambiente).**

## Esponjas

Esos objetos blandos, suaves y esponjosos que mucha gente usa en el baño no son las de verdad. Las verdaderas esponjas viven en rocas, corales y lechos de conchas, en el suelo oceánico. Algunas, como la esponja barril, alcanzan gran altura. Las esponjas son como estaciones de bombeo. Tienen poros por los que absorben las partículas orgánicas que flotan en el agua. Éstas viajan por un laberinto de canales y tubos, que retienen los nutrientes y expulsan los deshechos. Con tamaños de entre unos pocos milímetros hasta más de 2 metros de alto, presentan forma de abanico, taza, cono, gota o corteza. La esponja tubular azul parece la escultura de un cilindro, y la esponja jarrón tiene forma de campana, de color púrpura, rojo y marrón.

## Moluscos de cuerpo blando

Los moluscos tienen una concha exterior y un cuerpo suave, blando y denso. Algunos, como la ostra, se pegan a las rocas y no se mueven. Otros, como el calamar y la vieira, expulsan un chorro de agua para impulsarse.

El pulpo tiene ocho brazos con dos filas de ventosas para desplazarse por las rocas y el fondo marino. Si este pez diablo pierde un brazo, le crece otro. Los pulpos cazan, sobre todo, de noche: peces, tortugas, cangrejos e incluso tiburones. Suelen inyectar veneno a su presa para ablandar su carne. El pulpo gigante mide 7 metros de ancho y alcanza los 182 kilos, mientras que el pulpo californiano sólo mide 1-2,5 centímetros de largo.

Constituida en un 98 por ciento por agua, la medusa no tiene cabeza, ni cerebro, ni corazón, ni ojos, ni oídos ni huesos. ¡Cuidado con tocarlas! Todas pican, aunque no todas son dañinas para los humanos. Las medusas luna son inofensivas. Algunas que te pican como avispas son la medusa roja, la medusa melena de león y la medusa púrpura.

Las anémonas de mar parecen flores, hermosas y coloridas. Pero en realidad son animales carnívoros que pican a los peces pequeños con sus tentáculos y se los llevan hacia la boca. Pasan la mayor parte de su vida pegadas a las rocas o los corales del fondo marino.

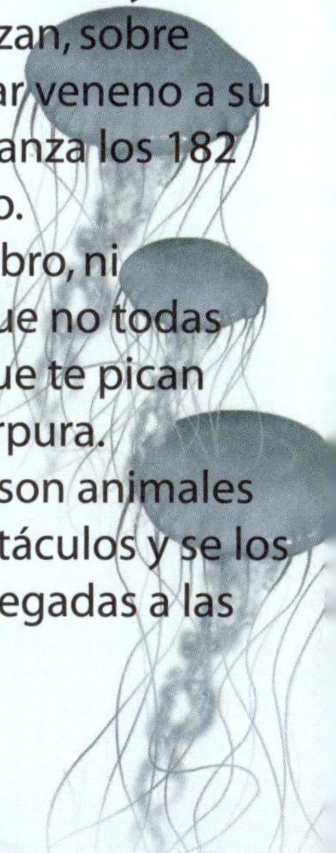

*El pulpo gigante es un depredador nocturno, y permanece en su guarida durante el día.*

**Definición:**
**Pez diablo:** Designa a muchas criaturas marinas con un aspecto diabólico o espeluznante, como, pulpos, calamares, peces escorpión y mantas.

**¡CURIOSO!**
Los caracoles, mejillones y abalones también son invertebrados. Tienen un pie musculoso que utilizan para moverse y cavar.

# INVERTEBRADOS -II

**No todos los invertebrados marinos son blandos, suaves y esponjosos. Algunos, como los cangrejos y las langostas, tienen una costra dura, mientras que otros, como las estrellas de mar y los erizos, tienen brazos espinosos.**

## Caparazón duro

Cangrejos, langostas, gambas, copépodos, krill, percebes y cigalas son crustáceos. Estos animales tienen un caparazón duro, y patas para nadar y caminar. Tienen antenas, muchos pares de patas y sus cuerpos están articulados. Emplean sus patas para comer. A medida que crecen, cambian de caparazón, pero el nuevo tarda en endurecerse.Los cangrejos tienen 10 patas, de las cuales dos son grandes pinzas. Corren y caminan de lado. Un cangrejo puede desprenderse de una pata atrapada, sin perderla para siempre, pues le crece otra inmediatamente. Las langostas viven en las grietas y los agujeros del océano. La cigarra de mar tiene placas en lugar de antenas, y las utiliza para excavar en busca de comida. Miles de langostas espinosas viajan en fila india cuando regresan a su casa. La cubierta de las gambas es casi transparente. Tienen tres pares de antenas, cinco pares de patas y cinco pares de patas nadadoras. El krill se parece al camarón, y cuando se juntan miles parecen nubes de algodón. Los copépodos y el krill son una importante fuente de alimento para muchos animales del océano.

## Piel espinosa

Estos extraordinarios animales tienen brazos o espinas que parten del centro de su cuerpo. Aquí también está la boca y los órganos. Su cuerpo está hecho de cinco partes iguales. Aunque no tienen cerebro, corazón ni ojos, sí tienen partes ligeramente sensibles en los brazos. Sus pies tubulares les ayudan a moverse, aunque lentamente.

Las estrellas de mar se alimentan de almejas, ostras y corales. Sacan el estómago por la boca para digerir a su presa. Del brazo de una estrella de mar puede crecer otra estrella. La más letal de todas, la estrella corona de espinas, tiene entre 10 y 20 brazos y por sus púas inyecta un veneno mortal.

Los erizos de mar se esconden en las grietas durante el día y salen de noche. Algunos, como el erizo púrpura, tienen afiladas espinas que los protegen de los depredadores. El erizo de piedra excava en las rocas con sus dientes.

El esqueleto de la galleta de mar está aplanado. Puesto que estas criaturas no tienen carne y su esqueleto es duro, no tienen apenas depredadores. A la babosa vivípara, sin embargo, sí le gusta comérselos.

*Los invertebrados forman el mayor grupo de especies animales de la Tierra.*

**Definición:**

**Pinza:** Herramienta para agarrar formada por dos piezas de metal curvas unidas en un extremo. También es un órgano de agarre con esa forma que tienen algunos animales.

**¡CURIOSO!**

El balano, con una concha cónica, se pega a las rocas, barcos y peces. Permanece toda la vida cabeza abajo y se lleva la comida a la boca con las patas.

# HÁBITATS MARINOS -I

**Aunque los animales marinos no tengan un techo sobre sus cabezas, sus hogares en el océano están llenos de misterio y belleza, y algunos con condiciones de vida extremas.**

## Arrecifes de coral

Los arrecifes de coral están hechos de miles de esqueletos de animales diminutos llamados pólipos. Los pólipos vivos, plantas y animales marinos se alimentan en esta zona de arrecifes, donde nadan miles de peces multicolores. Los arrecifes de coral se encuentran en las aguas tropicales de unos 100 países. Crecen, muy lentamente, en aguas cálidas y poco profundas, donde las plantas marinas, como las algas, reciben mucha luz solar. Constituyen sólo el 1 por ciento del suelo marino, pero el 25 por ciento de las criaturas marinas vive aquí. Algunas están de paso en busca de comida. Los arrecifes de coral protegen la línea de costa al actuar como barrera entre los fuertes vientos oceánicos y las olas y las playas. Limpian el aire eliminando y reciclando el dióxido de carbono.

## Con un poco de ayuda

Las plantas y animales de los arrecifes dependen uno del otro para comer y sobrevivir. Todo ser vivo importa y ayuda a mantener el arrecife limpio. La anguila deja que el lábrido azul le limpie los dientes de los restos de comida que quedan entre ellos.

## Cazando a la presa

Las almejas permiten que las algas vivan en sus tejidos, y crecen gracias al alimento que producen las algas. Éstas, a cambio, obtienen protección frente a los depredadores. Muchos cazan y se alimentan de día, y algunos, como el pez cardenal y la bamboa hombrera, salen de las grietas y gargantas por la noche. Algunos corales nocturnos extienden sus tentáculos para cazar. Otros, como el pez loro, se arrebujan y forman su propia cama fabricando un capullo de mucus para dormir. El pez halcón descansa entre los corales, en espera de que pase una presa para cazarla. El pez payaso de vivos colores encuentra su hogar entre los tentáculos de las anémonas.

## Verdaderamente espectacular

En un escenario tan efervescente se encuentran algunos peces igualmente hermosos. El pez ballesta payaso, con su boca amarillo brillante, es, sin duda, el más bello de la familia. El pez ballesta negro apenas es de ese color. Tiene dientes rojos y su color cambia del azul al verde de vez en cuando.

*Al igual que los humanos, los animales marinos también viven en atractivos hogares.*

**Definición:**
**Arrecife:** Estructura sólida formada en aguas poco profundas a partir de los restos de corales.

**¡CURIOSO!**
El Gran Arrecife de coral (frente a la costa NE de Australia) es el mayor del mundo, con más de 2.000 kilómetros de longitud.

# HÁBITATS MARINOS-II

**Algunos animales marinos sobreviven en las profundidades, como el cangrejo blanco y la langosta enana; otros, como las aves y nutrias, buscan su alimento entre las algas marrones.**

## Conductos hidrotermales

A unos 2.200 metros de profundidad, hay géiseres que lanzan agua caliente y burbujeante. Estos conductos hidrotermales son como chimeneas. Los científicos creen que pueden tener más de 3.000 millones de años de antigüedad, pero como están a tanta profundidad, se descubrieron hace sólo 25 años. Cuando el agua fría se filtra por las grietas de la corteza terrestre, se encuentra con el magma caliente. Cuando el agua alcanza unos 4.000 ºC, sale disparada por los orificios en el suelo marino. En su camino, arrastra minerales y sustancias químicas de la corteza, y al salir parece humo gris. Podría pensarse que nada sobreviviría a esta temperatura en las profundidades oscuras del océano. Pero el azufre del agua es alimento y hogar para unas 300 especies de increíbles criaturas oceánicas. Aquí viven algunos de los peces, vertebrados e invertebrados más asombrosos, desde animales tan pequeños como una bacteria hasta los gusanos tubícolas gigantes de 1,2 metros. Cerca de los conductos viven diversos tipos de gusanos.

*Los animales marinos viven y se reproducen en distintos hábitats.*

El camarón ciego, el cangrejo blanco gigante, la langosta enana, la almeja con pie largo y los peces de ojos saltones son algunas de las criaturas más raras que viven en este duro entorno.

## Bosques de kelp

Los bosques de kelp de las aguas templadas están formados por algas marrones. El kelp crece hasta la superficie del agua, por donde se extiende hasta parecer una alfombra gigante. Debajo de este dosel viven multitud de criaturas marinas.

Aves marinas, nutrias y mamíferos marinos acuden a esta capa superficial en busca de comida. Pulpos, babosas, sepias y cangrejos rey se mueven entre estos enormes bosques. Aquí viven asombrosas estrellas de mar y erizos, lubinas gigantes y peces garibaldi; encuentran refugio el pez media luna, el pejerrey y la castañuela; y se ponen a salvo el abalón, el erizo, el pez aguja, el pejesapo, el pez de los sargazos y los peces de roca. Los bancos de peces de roca azules y los lábridos recogen trozos de comida a su paso.

**Definición:**
**Kelp:** Alga que crece adhiriéndose a las rocas, sin echar raíces, en el océano.

**¡CURIOSO!**
Mucha gente come kelp en los helados y la gelatina sin saberlo. El kelp también se usa para hacer pasta de dientes.

# CAMUFLAJE

**Ahora los ves, ahora no los ves. Los animales marinos emplean técnicas de camuflaje increíbles para hacerse invisibles al enemigo y para atacar a una presa.**

## ¡Cuidado!

Uno podría pensar que criaturas de colores tan brillantes destacarían en una multitud y atraerían a sus enemigos. No es del todo cierto. La platija y el pez escorpión, no sólo cambian de color, sino que su diseño se funde con el entorno perfectamente. La babosa, el pez león y la serpiente marina exhiben sus colores para advertir a los depredadores de que se alejen. Pulpos, sepias y calamares no sólo cambian de color según el entorno sino que expulsan un chorro de tinta que tiñe el agua y les da tiempo a escapar. El caballito de mar cambia de color y de aspecto fijándose a las plantas, donde resulta invisible, incluso para los peces que se esconden en el mismo sitio con ellos.

## Plantando cara

El camarón limpiador no necesita esconderse, pues es transparente. El pez ballesta, por otro lado, tiene un diseño y colores llamativos con los que confunde y asusta a sus enemigos. Los colores de advertencia más comunes entre los animales marinos son el rojo, negro y amarillo. Sin embargo, algunas criaturas no temen atraer a sus depredadores. El pez trompeta hace lo más inimaginable: adopta el color de sus víctimas y se une a su grupo. Comer a placer adopta un nuevo significado si uno puede "unirse a ellos para derrotarlos".

## ¿Se nota algo diferente?

Desprenderse de las extremidades o la cola es una gran táctica de supervivencia. Aun mejor es desarrollar extensiones corporales, como hacen los moluscos, el pez aguja y el pejesapo, para parecer plantas. Algunos animales, como el pez mariposa y el pez león biocelado, tienen "ojos" o "bandas" en la parte trasera que les hacen parecer mayores de lo que son, y también confunden a los depredadores sobre la dirección en la que se mueven. El dragón marino, un tipo de caballito de mar, tiene extremidades que parecen hojas y le ayudan a camuflarse entre las algas y plantas marinas. Para completar el disfraz, también se mecen con la corriente, y así resulta imposible verlos.

Algunas especies, como el calamar y el camarón, que viven en la zona de penumbra, aclaran su vientre para que los depredadores no vean su cuerpo recortado contra la luz de la superficie. Ballenas y tiburones tienen el cuerpo sombreado, de manera que el lomo se confunde con el azul de las aguas profundas, y su vientre con la luz del día.

*Los animales marinos tienen colores y diseños que les permiten desvanecerse o hacerse casi invisibles al enemigo.*

**Definición:**
**Depredador:** Animal que, por naturaleza, caza a otros animales.

**¡CURIOSO!**
Resulta casi imposible detectar al pez piedra hasta que se mueve. Adopta igual color y forma que las algas sobre un coral.

# MIGRACIONES

**Ni autopista, ni claves de GPS ni marcas de ningún tipo. Y aun así, miles de criaturas marinas, grandes y pequeñas, viajan a lugares lejos de sus hogares para aparearse, encontrar alimento y eludir el mal tiempo. En general, emigran cada estación para después regresar a sus hábitats.**

## Cada uno tiene una razón

Muchas otras criaturas emigran arriba y abajo unos 460 metros a diario. Diminutas larvas de pescado y anguilas; insectos marinos; krill, babosas sin caparazón y medusas se alimentan en las aguas superficiales por la noche, y después regresan a las profundidades por el día. Así evitan ser vistos y capturados por los depredadores.

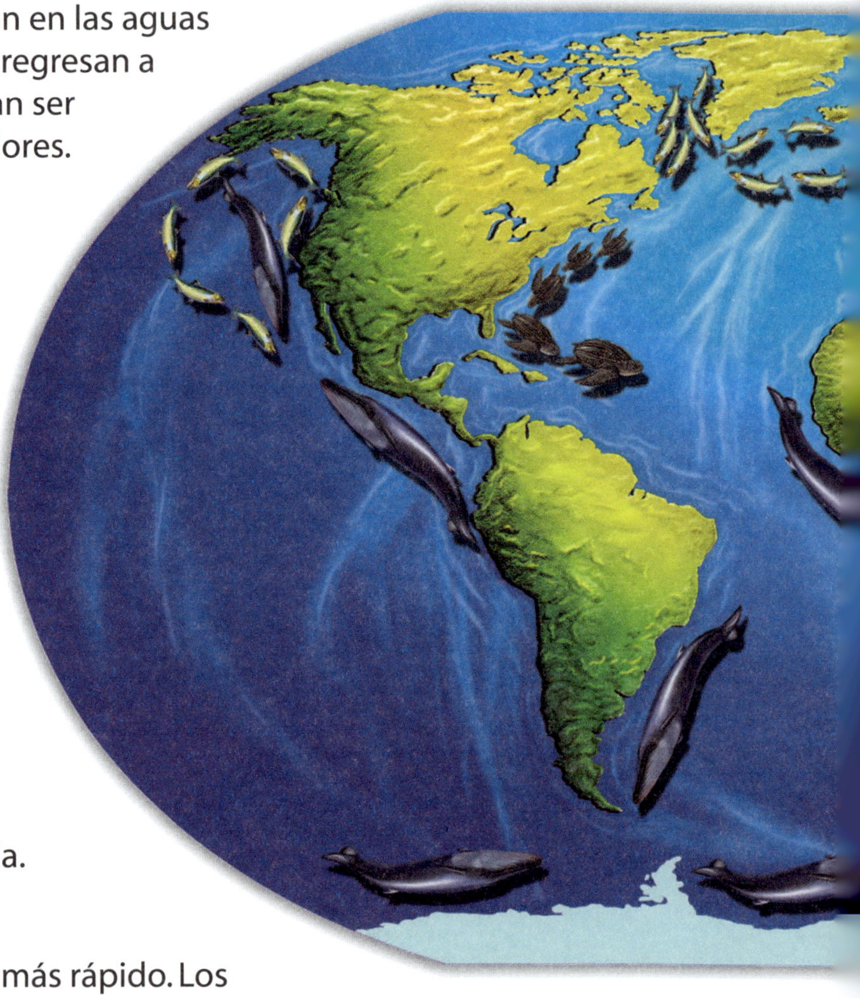

Langostas, langostinos y cangrejos bajan para poner sus huevos. Algunas especies de salmón, que nacen en los ríos de agua dulce, emigran al océano, y después regresan para aparearse. La ballena azul abandona su hábitat en aguas del Ártico hacia aguas más templadas para aparearse. El rorcual hace lo contrario: viaja desde las aguas templadas a las polares para alimentarse. Las ballenas engordan antes de emigrar, pues no comen nada en el camino. Todo viaje largo exige un banquete antes de la partida.

## Más largo, más lejos

El gran tiburón blanco es el nadador más rápido. Los científicos siguieron a uno y descubrieron que nadó desde Sudáfrica al oeste de Australia y regresó en sólo nueve meses. Los manatíes emigran siguiendo la costa norteamericana. Los narvales viajan desde los mares abiertos a los fiordos y estrechos de los mares del Ártico. Algunos peces, como el arenque y la caballa emigran a miles. Los tiburones y las tortugas viajan solos o en pequeños grupos. Las diminutas tortugas marinas nadan 12.900 kilómetros por el Atlántico, y sin un líder al que seguir. Muchas especies de ballena viajan en grupos, en los que madres y crías van detrás.

## ¿Cómo lo hacen?

Los animales que migran cada estación saben que es hora de ponerse en marcha cuando los días se acortan durante el otoño. En cualquier caso, la mayoría sabe por instinto cuándo hay que emigrar. No se pierden porque heredan los mapas de ruta de sus padres, y esta información se almacena en su cerebro. Para las migraciones más largas, los animales también perciben la dirección y la fuerza del campo magnético terrestre, y usan estos datos para saber a dónde se dirigen. Los salmones usan su sentido del olfato para regresar al río en el que nacieron, y memorizan ese olor para siempre.

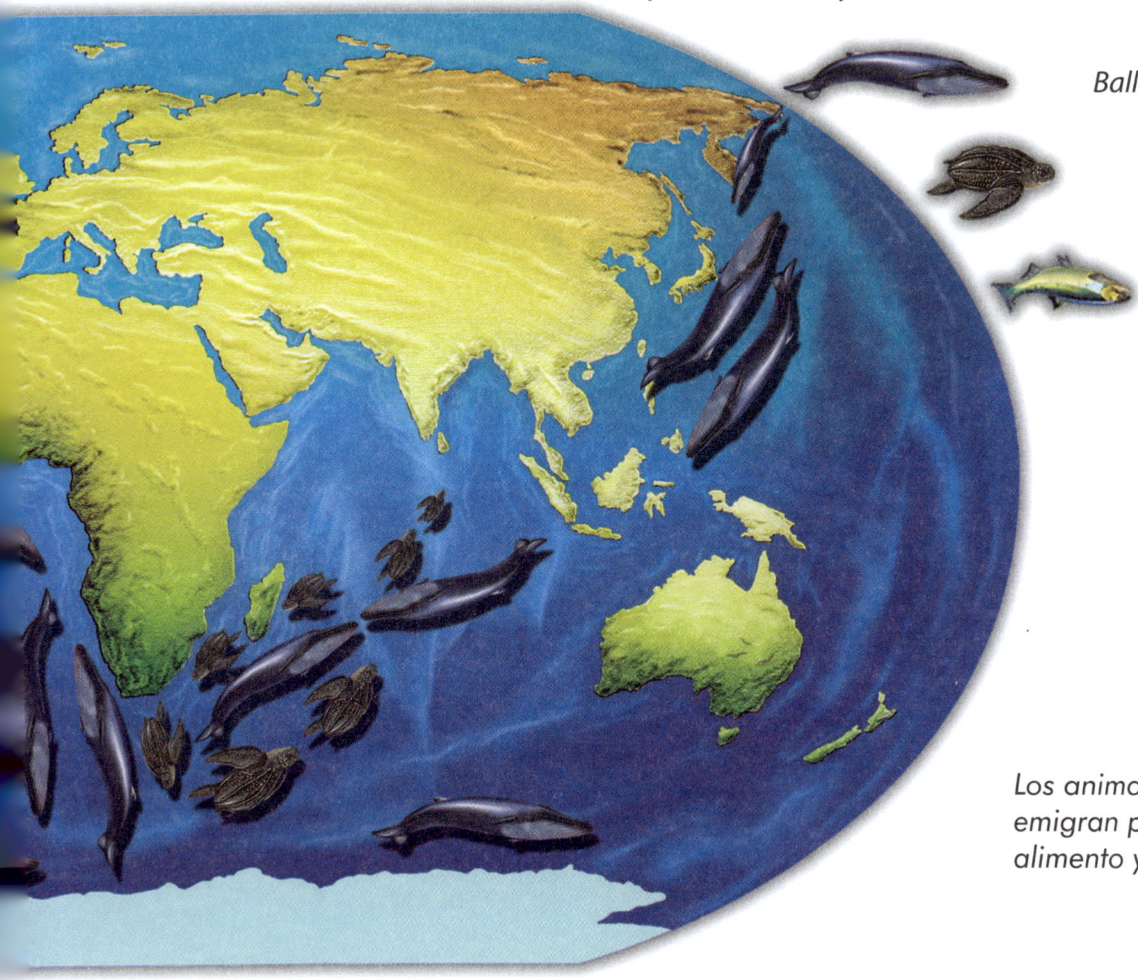

*Ballena azul*

*Tortuga*

*Salmón*

*Los animales marinos emigran por dos motivos: el alimento y la reproducción.*

**Definición:**
**Fiordo:** Brazo de mar largo, estrecho y profundo situado entre laderas abruptas.

**¡CURIOSO!**
Las inteligentes rémoras hacen autostop pegándose a animales más grandes que ellas.

# MONSTRUOS MARINOS

**Sirenas, serpientes y monstruos marinos pueblan las historias y el imaginario de la gente; y no sin razón. El vasto océano parecía misterioso e intrigante, hasta que se avistaron criaturas de proporciones increíbles. Antes de que los científicos estudiaran a los animales marinos y los clasificaran, la gente creía que las criaturas del mar tenían que ser veneradas y temidas. El asombro continúa...**

## Salidos de nuestros sueños

Muchos animales marinos tienen tamaños monstruosos. El pez remo parece una anguila, puede alcanzar los 15 metros y pesar más de 300 kilos. Su color plateado y una cresta rojo brillante de espinas que recorren el lomo le dan un aspecto aterrador. El tiburón anguila también puede resultar una criatura terrorífica. Tiene una sola aleta que parece una crin. Las branquias del tiburón se pudren tan rápidamente una vez muerto que parece que no tiene cabeza. Aunque es vegetariano e inofensivo, sus 12 metros lo acercan a un monstruo.

*El pez remo es el más largo del mundo. Tiene un cuerpo plateado delgado y come invertebrados y peces.*

## Sirenas y monstruos

Se cree que la inspiración para las sirenas son los manatíes y dugones. No resultan tan atractivos como las sirenas, pero los marinos tomaron por humanos a estos grandes mamíferos de movimientos lentos. Justo antes de una tormenta, la luz que se refleja en el agua puede provocar un espejismo. Las focas y los delfines parecen delgados y altos, y se pueden confundir con criaturas desconocidas. La criatura real más fascinante, y que apenas se ve, es el calamar gigante. Puede alcanzar los 15 metros, y pesa casi una tonelada. Tiene 10 brazos, y ojos tan grandes como un balón. Si asomara fuera del agua su único tentáculo con forma de cono, pasaría por un monstruo. ¿Quién necesita imaginar monstruos cuando los verdaderos están ahí fuera?

*Algunos animales marinos parecen verdaderos monstruos.*

**Definición:**
**Asombro:** Estado de admiración o sobrecogimiento.

**¡CURIOSO!**
La gente cree que en el lago Ness, en el norte de Escocia, habita una criatura parecida a un dinosaurio, pero los científicos no opinan así.

# EL MUNDO DE LOS BICHOS

**Diminutas criaturas repelentes, bichos, sabandijas... A los insectos se les llama de distintas formas; a algunos les gustan, pero otros prefieren tenerlos lo más lejos posible. Nos gusten o no, los insectos son criaturas fascinantes, y el suyo es un mundo lleno de maravillas. Son el grupo animal más numeroso, diverso y de mayor éxito de la Tierra.**

## Insectos por todas partes

Los insectos son el grupo animal dominante sobre el planeta, donde habitan desde hace millones de años. De hecho, 8 de cada 10 miembros de todas las especies animales existentes son insectos. Se conocen más de un millón de especies de insectos en el mundo y cada año se descubren miles de variedades nuevas.

## Pequeños y triunfadores

Los insectos son de pequeño tamaño, pero han triunfado. ¿Sabes por qué? El tamaño contribuye a la posición que ocupan los insectos en el reino animal. Al ser pequeños, necesitan poca comida para sobrevivir. Encuentran fácilmente un lugar para vivir (en los rincones de la casa, la piel del gato o debajo de las hojas de una planta). Como son ligeros, también pueden corretear o volar a buen ritmo, lo que les permite escapar de los depredadores y moverse a gran velocidad.

## La práctica lleva a la perfección

Los insectos deben su éxito sobre todo a su experiencia, pues llevan en la Tierra los últimos 300-400 millones de años. Con el tiempo, evolucionaron para convertirse en las criaturas más adaptables, ajustándose a todo tipo de hábitats y dietas. Los insectos son tan resistentes que pueden vivir en casi cualquier sitio (en el calor abrasador del desierto, o en los climas fríos de las montañas). También pueden comer cualquier cosa, desde madera y papel a jabón y estiércol. No sorprende que sean los señores del reino animal.

*Los insectos descomponen la materia animal y vegetal, con lo que ayudan al suelo a eliminar plantas y animales muertos.*

**Definición:**
**Hábitat:** Entorno en el que se desarrolla y vive un organismo.

## ¡CURIOSO!

Se cree que hay 200 millones de insectos por cada persona en este planeta.

**Con millones de insectos poblando nuestro planeta, ¿cómo es posible llevar un recuento de todos? ¿Cómo se sabe su nombre o el de la familia a la que pertenece? Los científicos los clasifican en distintos órdenes, o grupos, lo que ayuda a diferenciarlos.**

## ¡Orden, orden!

Los insectos se clasifican en 32 órdenes, de acuerdo con las semejanzas en su aspecto. El orden más pequeño, el Mantophasmatodea, incluye 13 especies, y el más grande, el Coleoptera, cuenta con más de 350.000 especies. Los insectos son invertebrados, no tienen esqueleto. Son los únicos invertebrados con alas.

## ¡Es un insecto!

Los insectos pertenecen al grupo de los artrópodos. Éstos tienen patas articuladas. La palabra "insecto" significa "dividido en segmentos". Todos los insectos tienen seis patas, dos antenas, una cubierta exterior o exoesqueleto, y un cuerpo en tres partes: cabeza, tórax y abdomen. En la cabeza están las antenas, los ojos y la boca. En el abdomen se encuentras los órganos digestivos. El tórax está segmentado o dividido en tres partes. En cada una tiene un par de patas. En algunos insectos el tórax soporta uno o dos pares de alas. El estómago y las antenas también se dividen en tres segmentos. Si el cuerpo de una criatura no tiene todas estas partes, no se considera un insecto.

## Lo que hay que saber sobre los insectos

Si dices a un entomólogo que los insectos son bichos, no estará plenamente de acuerdo. Técnicamente, no todos los insectos son bichos. De hecho, los "insectos verdaderos" pertenecen a otro grupo dentro de los insectos. Es el grupo Hemiptera, integrado por insectos con bocas como picos, con los que taladran la comida y absorben su jugo. Áfidos, chinches, cigarras e insectos asesinos son insectos verdaderos.

*Los insectos toman aire a través de unas aberturas en su exoesqueleto, desde las que el oxígeno se distribuye a todas las partes del cuerpo.*

## ¡CURIOSO!

Los insectos tienen un sistema circulatorio abierto, es decir, su sangre fluye libremente por todo el cuerpo, no por vasos sanguíneos, como en el caso de los humanos y otros animales.

**Definición:**

**Entomólogo:** Científico especializado en el estudio de los insectos.

# ASÍ ES LA VIDA

**Al nacer, comienza nuestro ciclo vital: un proceso de crecimiento hasta hacernos adultos. Durante este ciclo, experimentamos muchos cambios. Los insectos también cambian durante su ciclo de vida, desde el estado de larva hasta el de adulto. Cambian de tamaño, color, forma y características a medida que crecen. A esto se le llama metamorfosis.**

## Mini retoques

No todos los insectos pasan por las mismas fases de metamorfosis. Hay tres tipos de ciclos: simple, completo y sin cambio. La metamorfosis simple, o incompleta, consta de tres fases —huevo, larva (ninfa) y adulto—, mientras que la completa implica cuatro —huevo, larva (ninfa), pupa y adulto. En la fase de pupa, la larva pasa un tiempo dentro de un capullo antes de salir como un insecto nuevo. Por ejemplo, las orugas se transforman en mariposas. En el tercer tipo de ciclo no hay metamorfosis. Los insectos sin alas nacen casi con todos los rasgos de un adulto. Al aumentar de tamaño, mudan su ajustada piel por una más grande.

## Hola compañera!

La mayoría de los insectos se aparean antes de poner huevos o parir crías. Pero las hembras de áfidos e insectos palo pueden reproducirse sin aparearse. La mayoría de los insectos realizan un ritual de cortejo, en el que el macho y la hembra se atraen y después se aparean. En estos rituales desprenden olores dulces, bailan y cantan.

*La esperanza de vida de un insecto suele ser de entre dos semanas y ocho meses. Algunos crecen lentamente por las duras condiciones ambientales.*

## La historia de los huevos

Algunas crías se desarrollan dentro de su madre. Otras lo hacen en huevos puestos por ella. La mayoría de los insectos ponen huevos, pero algunos, como la mosca tse-tse, paren a sus crías. Muchos salen de sus huevos casi nada más ponerlos la madre, pero algunos necesitan ser incubados. La madre tijereta construye nidos sellados bajo tierra para proteger sus huevos en invierno. La hembra de la chinche de agua gigante pega los huevos a la espalda del macho por seguridad.

**Definición:**
**Cortejo:** Proceso por el que un macho y una hembra se atraen para aparearse.

**¡CURIOSO!**
Como parte del ritual de cortejo, los machos de la mosca gibosa dan un regalo a las hembras: una presa envuelta en un capullo de seda.

# HOGAR, DULCE HOGAR

**A los humanos a menudo nos resulta difícil vivir en condiciones extremas. Pero los insectos pueden vivir casi en cualquier sitio. Por ejemplo, el insecto de fuego puede vivir en grietas, cerca de chimeneas y hornos. Se han encontrado algunos mosquitos en el gélido clima de la Antártida. El ambiente en el que vive un animal se llama hábitat. Dentro de él, pueden habitar en entornos más pequeños o microhábitats.**

## Solos o en grupo

La mayoría de los insectos viven solos y no pasan mucho tiempo en el mismo sitio. Se mueven de un lugar a otro, de manera que no tienen hogar permanente. Pero algunos insectos se construyen su propia casa. Éstos viven en colonias o grupos numerosos. Son insectos sociales. Las abejas viven en colmenas que construyen con cera. En una colmena viven miles de abejas. Las avispas construyen su nido con pasta de celulosa porque no pueden producir cera como las abejas. Hay avispas que cavan sus nidos en el suelo, y otras los construyen con barro.

**Definición:**
**Pasta de celulosa:** blanda y húmeda, se fabrica a partir de madera triturada y se usa para hacer papel.

*Abejas y avispas construyen sus hogares en lugares diferentes, como en troncos podridos, altillos, grietas e incluso en la arena.*

**¡CURIOSO!**
Los piojos viven entre el cabello humano, el pelo animal y sobre la piel. Los piojos del cuerpo habitan entre las ropas.

## Arquitectos asombrosos

Las hormigas son arquitectos asombrosos. Construyen hormigueros bajo tierra, con diversas cámaras, miles de túneles y pasadizos. Las hormigas soldado viven en vivacs, campamentos temporales que hacen uniendo sus cuerpos por medio de sus mandíbulas y garras. Se sujetan unas a otras hasta formar una estructura gigantesca de entre 300.000 a 700.000 hormigas soldado. Las hormigas tejedoras son hábiles artesanas. Entretejen hojas para hacer nidos en los que vivir.

## Termiteros

Las termitas viven en torres y montículos. Suelen ser tan grandes que pueden albergar miles, y a veces millones, de termitas. Algunas de las estructuras naturales más altas están construidas por las termitas africanas y australianas. Sus hogares no son sólo grandes, también tienen aire acondicionado, pues están diseñados de manera que el aire se filtra constantemente.

# JUGANDO AL ESCONDITE

**Si jugaras al escondite con un insecto, seguro que perderías, pues son los maestros del disfraz. Los insectos se esconden como nadie. Sus técnicas para esconderse y protegerse del enemigo son notables.**

## Inteligentes copiones

¿Has intentado hacerte pasar otra persona para salir de un apuro? Algunos insectos es lo que hacen para escapar de los ojos del enemigo. Estos insectos copian el aspecto y el comportamiento de otras criaturas peligrosas para ahuyentar a los depredadores. Muchas moscas, por ejemplo, vuelan como las avispas y abejas, y sus enemigos huyen temerosos de que les claven un aguijón. La mariposa virrey tiene rayas naranjas y negras, como la mariposa monarca, que tiene un sabor horroroso. Así que se aprovecha de su parecido con ella para disuadir a los depredadores.

## Códigos de color

Algunos insectos no necesitan esconderse porque están dotados con un poderoso aguijón, o un veneno letal. Estos insectos suelen tener colores brillantes para advertir a sus enemigos. Algunos insectos exhiben colores como el rojo, naranja o amarillo para avisarles del riesgo que corren.

## ¡Te engañé!

¿Es una hoja? ¿Un palo? ¿La corteza de un árbol? ¿Una caca de pájaro? No, es un insecto. Algunos son muy hábiles en el juego del escondite. Tienen una asombrosa capacidad para cambiar su color, forma y diseño para confundirse con su entorno. El insecto hoja tiene un abdomen plano y patas articuladas, marcas como las de una hoja y bordes rígidos en el cuerpo que le permiten confundirse con las hojas de un árbol. Igualmente, el insecto palo se mimetiza con los troncos y las ramas. El insecto espina utiliza la extensión en punta de su abdomen para parecer una espina afilada. Ciertas especies de mántidos y polillas pueden parecer una caca de pájaro reciente.

*La mantis religiosa tiene numerosos enemigos. Se confunde con su entorno para sobrevivir.*

**Definición:**
**Veneno:** Sustancia dañina secretada por muchos animales.

**¡CURIOSO!**
Cuando un grupo de saltones se coloca sobre una rama, es fácil confundirlos con el tallo de una flor.

*Mariposa virrey*

# ¡LOS INSECTOS ATACAN!

**Cuando ves un insecto diminuto, no piensas que pueda ser peligroso o violento. Los insectos parecen criaturas indefensas y pacíficas, pero las apariencias engañan. Son animales con mucha experiencia en supervivencia. Son expertos en obtener su alimento, aunque suponga pelear por él. Y son igualmente hábiles defendiéndose — con frecuencia, emplean técnicas peligrosas para protegerse de los depredadores.**

## Juego venenoso

Gracias a sus excelentes sentidos, los insectos saben cuándo se acerca el peligro. La oruga de la mariposa cartero se alimenta de las hojas de la flor de la pasión, que contienen cianuro, un veneno que la oruga almacena en sus espinas dorsales. Cuando un depredador ataca, se pincha con ellas. Algunos escarabajos y saltamontes exudan sangre por distintas partes de su cuerpo para ahuyentar a los depredadores. A esto se llama sangrado reflejo. El veneno también puede ser un arma de caza. La avispa hembra inyecta veneno a su presa para paralizarla. Mientras la presa queda inmóvil, la hembra pone sus huevos en ella para que sus larvas se alimenten cuando eclosionen.

*Oruga cartero*

## Trampas

La araña teje una tela para hacerse su propia casa. La tela también sirve de trampa para conseguir comida. Las telas son de distinto tipo. Las orbiculares tienen forma espiral y están cubiertas de una sustancia pegajosa para atrapar a las presas. Otras arañas crean complejas telas en tres dimensiones, que atrapan cualquier cosa que vuele hacia ellas. También están las telas de lámina y embudo, cuya seda no es pegajosa. En algunas regiones, muchas arañas tejen telas comunales para atrapar varias presas a la vez. La araña de agua utiliza una trampa especial: construye una burbuja de seda a su alrededor y espera a su presa. Después sale para agarrarla y meterla en la burbuja. Otro cazador único es el mosquito del hongo. Sus larvas producen una sustancia pegajosa que brilla en la oscuridad y atrae a sus presas.

*Mosquito del hongo*

*Escarabajo de nariz sangrante*

**Definición:**
**Paralizar:** Causar entumecimiento, lo que impide sentir nada o moverse.

## ¡CURIOSO!

Los escarabajos acuáticos, o tigres acuáticos, se zambullen para atrapar animales mayores que ellos, tales como ranas y salamandras.

*Las telarañas están hechas de hilos de seda, que producen unas glándulas situadas bajo el abdomen de la araña.*

# ¡Zzzzzzzzzzzzzzzzz!

**Seguro que estas pequeñas plagas se cuelan en la cocina cuando tu madre está haciendo un pastel. Acuden sin invitación a cualquier comida en el campo, y no paran de zumbar junto a tu oreja cuando quieres echar la siesta. Son los insectos a los que todo el mundo odia: las moscas y los mosquitos. De los miles de insectos de nuestro planeta, la mosca común y el mosquito son quizá los que resultan más antipáticos. Sin embargo, estos insectos, que pertenecen al orden de los Diptera, son criaturas fascinantes con muchos rasgos interesantes.**

## Pilotos perfectos

Las moscas tienen rasgos que les permiten volar con facilidad. Son los únicos insectos con un par de alas, lo que les hace más ligeras y les permite volar más rápido. La mosca de las flores puede incluso volar hacia atrás. Las moscas poseen unos órganos llamados halterios que les ayudan a mantener el equilibrio mientras vuelan. Tienen almohadillas pegajosas en las patas que les permiten caminar sobre las paredes, y colgarse del techo cabeza abajo.

## ¡A disfrutar de la comida!

A las moscas se les tiene por animales sucios por sus hábitos de comida. Cuando una mosca se posa en la comida lo hace para probarla con las patas. Después, ¡vomita sobre ella! Lo hace para ablandarla y digerirla mejor. Así que, la próxima vez que veas una mosca posada en tu plato, tira la comida si no quieres caer enfermo.

## La amenaza de los mosquitos

Parientes lejanos de las moscas, los mosquitos son mucho más peligrosos para los humanos. De hecho, se les considera las criaturas más dañinas del mundo, pues matan al menos a dos millones de personas al año. Las responsables son las hembras únicamente, pues los machos no chupan la sangre. El mosquito hembra Aedes Aegypti, por ejemplo, contagia el dengue, una peligrosa fiebre vírica. La única manera de alejar a los mosquitos es usar un repelente. A pesar de su nombre, en realidad estos repelentes no espantan a los mosquitos, sino que bloquean sus sentidos para que no detecten a las personas.

*A diferencia de las hembras, los mosquitos macho no pican: se alimentan de néctar y otros jugos de plantas.*

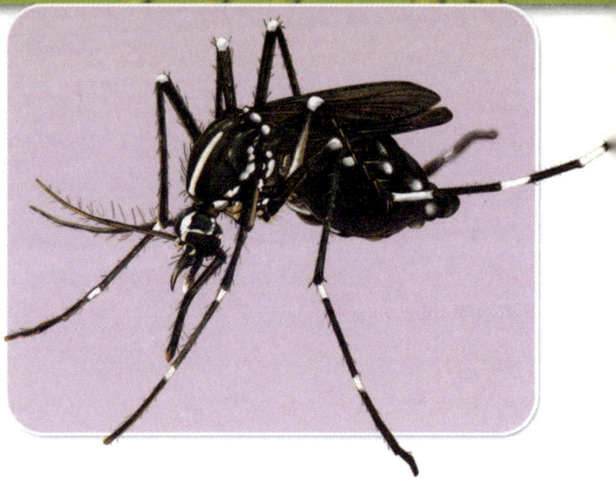

**Definición:**
**Repelente:** Sustancia química que utilizan las personas para protegerse de las picaduras de insectos.

## ¡CURIOSO!

Se cree que es más probable que te pique un mosquito si has comido un plátano o si llevas alguna prenda azul.

# ¡Buzzzzzzzzzzzzzzzz!

¿Te puedes imaginar la vida sin frutas, verduras o miel? Es difícil. Da las gracias a las abejas y avispas por la miel que untas en el pan y por las frutas y verduras que comes. Abejas y avispas son responsables de la mayor parte de los alimentos vegetales que comemos, porque son polinizadoras: llevan el polen de las plantas masculinas a las femeninas. Un tercio de nuestra dieta depende de la polinización que realizan las abejas melíferas, los únicos insectos que fabrican comida para nosotros.

## ¿Avispa o abeja?

La mayoría de las personas no distinguen entre una abeja y una avispa. Pertenecen al orden Hymenoptera, y tienen mucho en común. Las dos presentan las características rayas amarillas y negras en su cuerpo. Viven solas o en grupo, y la hembra de ambas especies es la que pica. Sin embargo, a diferencia de las abejas melíferas, las avispas pueden recuperar el aguijón y los sacos de veneno después de picar. Las avispas son más delgadas que las abejas y de cintura más estrecha. Su cuerpo es suave, mientras que las abejas tienen pelos que les ayudan a transportar el polen. Las abejas alimentan a sus larvas con miel, mientras que las jóvenes avispas son carnívoras.

*Una abeja melífera se comunica con otras mediante una danza.*

## Familia feliz

Algunas especies de abejas y avispas son sociales. Viven como grandes familias en sus colmenas y trabajan juntas para llevar sus hogares. En una sola colmena pueden vivir 500.000 abejas. Dentro, cada una realiza un trabajo especial. La reina pone huevos; las obreras (que son todas hembras) construyen los panales (pequeñas celdas donde se almacena la miel y se ponen los huevos). Las obreras también cuidan de la reina y buscan comida. Los machos, o zánganos, sólo están para aparearse con la reina.

### Una fábrica de miel

La colmena es una fábrica de miel en la que no hay descanso. Las abejas trabajan muy duro. Viajan miles de kilómetros, y visitan miles de flores para hacer un solo tarro de miel. Doce abejas pueden hacer sólo una cucharada de miel en su vida, que es de 35 días.

**Definición:**
**Panal:** Estructura compuesta por celdas de forma hexagonal y hecha de cera de abejas.

## ¡CURIOSO!

Los investigadores han descubierto que el alcohol tiene el mismo efecto en las abejas que en los humanos. Las que tomaron más alcohol pasaron menos tiempo moviéndose y más tiempo tumbadas boca arriba.

# EL GIGANTE ENTRE LOS INSECTOS

**A nuestro alrededor, en el jardín, en la zona de juegos y en el parque, hay escarabajos de distintas clases, formas y tamaños. La familia de los escarabajos está compuesta por muchas especies, todas con las mismas características básicas, pero cada con sus rasgos únicos que las diferencian de sus parientes.**

## ¡CURIOSO!

El escarabajo bombardero pulveriza a sus enemigos con una sustancia ardiente que sale de su abdomen. Puede “disparar” 500 veces por segundo.

*Escarabajo tigre*

*Escarabajo Goliat*

**Definición:**
**Goliat:** En la Biblia, gigante filisteo derrotado por David. De ahí que se llame “goliat” a algo con una fuerza o un tamaño enormes.

## ¡A por él, tigre!

El escarabajo tigre es el miembro más rápido y feroz de la familia. Este escarabajo de tierra tiene dos pares de mandíbulas. Con el primer par coge a su presa y con el segundo la mastica. Sus largas patas y su aguda vista le facilitan el trabajo.

*Escarabajo acuático*

## Damas encantadoras

La mayoría hemos contemplado admirados a las mariquitas. Estos insectos de puntos blancos y negros son escarabajos. Sus alas rojinegras son, en realidad, élitros que protegen a las verdaderas alas que hay debajo. La mariquita no trabaja tanto como el escarabajo tigre para conseguir comida. Se alimenta de criaturas lentas y blandas, como los áfidos.

## ¡Chapuzón!

Los escarabajos viven en todas partes, en la tierra y bajo el agua. ¡Es verdad! Los escarabajos acuáticos viven en agua dulce. Estos grandes nadadores se ayudan de sus largas patas negras y peludas. Almacenan aire bajo los élitros y entre el pelo de su cuerpo para respirar bajo el agua.

## Batiendo récords

¿Quién es el más pesado? El escarabajo Goliat de África es el insecto más pesado del mundo. Es tan grande como tu mano. En cambio, el escarabajo ptílido es el bebé de la familia: con medio milímetro, es el escarabajo más pequeño del mundo. Algunos escarabajos nos sorprenden más por su comportamiento extraño. El escarabajo chirriador da gritos cuando percibe peligro. El escarabajo saltador se hace el muerto para poner en guardia a sus enemigos. Si no funciona, se catapulta en el aire y produce un sonoro "clic" al saltar.

*Las mariquitas tienen colores diferentes. Algunas son negras con puntos rojos. Otras son granate con puntos crema, y otras amarillas con puntos negros.*

# REVOLOTEOS Y ALETEOS

**Las mariposas y polillas pertenecen al orden Lepidoptera, que significa "ala escamosa" en griego. Hay unas 140.000 especies de mariposas y polillas en el mundo. Las mariposas son los insectos más vistosos del planeta. Viven en casi todos los hábitats. Hay casi 24.000 especies diferentes de mariposas, y estas maravillas aladas constituyen el segundo mayor grupo de agentes polinizadores tras las abejas. Sus primas cercanas, las polillas, son mucho más numerosas pero no tan bonitas.**

## ¿Mariposa o polilla?

Las mariposas y polillas no son muy distintas. Sin embargo, la mayor parte de las mariposas vuelan de día, y las polillas de noche. Algunas especies de polillas, como la polilla colibrí y la geómetra del abedul, vuelan de día. A diferencia de las antenas de la polilla, las de la mariposa tienen puntas redondeadas.

## La magia de la metamorfosis

El ciclo vital de las mariposas y polillas es notable. Empiezan siendo orugas, y tras una metamorfosis se transforman en mariposas o polillas adultas. Este cambio ocurre dentro de una envoltura protectora llamada crisálida.

**Definición:**
**Crisálida:** Envoltura dura que protege a la pupa, el estado inmaduro en el ciclo vital de un insecto.

## Anatomía sorprendente

A muchas personas les resulta sorprendente que las alas de mariposas y polillas sean transparentes. Además, las mariposas no pueden volar si su temperatura corporal no es de unos 30 ºC. Así que tienen que calentarse al sol antes del vuelo. Al igual que las moscas, las mariposas captan el sabor son sus patas y el olor con sus antenas. No tienen boca, sino un órgano largo como una pajita llamado probóscide, con el que liban el néctar. La esfinge Morgan tiene la probóscide más larga, con entre 30 y 35 centímetros.

## Extraños gustos

La probóscide de la polilla vampiro asiática puede atravesar la piel gruesa de los animales. Al igual que todas las polillas, no tiene estómago, y a veces chupa la sangre de ciervos o de búfalos de agua. Otra criatura con extraños gustos es la mariposa almirante roja. Además de néctar, bebe jugo de fruta podrida o de excrementos.

### ¡CURIOSO!

La mariposa de la reina Alejandra es la más rara y más grande del mundo, con una envergadura de 25 centímetros. Vive en las selvas de Papua Nueva Guinea y está en peligro de extinción.

*Las mariposas levantan las alas perpendiculares a la espalda, mientras que las polillas las extienden o doblan a lo largo de la espalda, cuando descansan.*

# TERRITORIO ARAÑA -I

**Quizá estos bichos sean los más fascinantes y terroríficos de todas las criaturas. Pero las arañas no son insectos. Constituyen otro grupo, el de los arácnidos. Sin embargo, a menudo se les considera insectos, pues son muy similares a ellos. De hecho, los dos pertenecen al grupo de los artrópodos.**

## El "abc" de los arácnidos

¿Qué separa a las arañas de los insectos? A diferencia de éstos, las arañas tienen el cuerpo dividido en dos partes, la cabeza y el abdomen. No tienen antenas, sino dos proyecciones como colmillos cerca de la boca llamadas pedipalpos. Tienen ocho patas en lugar de seis. Sus ojos no están tan bien desarrollados como los de los insectos. Poseen diminutos pelos muy sensibles con los que pueden captar las vibraciones. La araña saltadora es una excepción, pues su vista es excelente.

## Arañas a montón

Las arañas constituyen el grupo más grande y diverso de depredadores terrestres. Se conocen 35.000 especies, pero hay muchas más pululando a nuestro alrededor. La mayoría viven en tierra, pero la araña acuática vive en el agua. Es la única. Los pelillos que tiene en las patas y el abdomen retienen el aire para que pueda respirar bajo el agua.

## Hábiles tejedoras

La palabra "araña" viene de Aracne, que en la mitología griega era una hábil tejedora. Y eso son las arañas. Bajo el abdomen tienen pequeños apéndices llamados hileras, que segregan seda líquida con la que tejen sus telas. Se ayudan de las patas para sacarla, estirarla y endurecerla. No todas las arañas tejen telas de seda. Las arañas tramperas hacen un agujero en el suelo y forran la entrada con seda a modo de tapadera, mientras que las arañas lobo adhieren sus huevos a los saquitos de las hileras para protegerlos.

**Definición:**
**Hileras:** Apéndices en forma de dedo bajo el abdomen de la araña. Están unidas a glándulas de seda, que son pequeños tubos por los que fluye la seda líquida.

**¡CURIOSO!**
Las arañas inyectan el veneno con las uñas. Después licuan los órganos de su presa y se beben el líquido.

Las arañas son cortas de vista. Utilizan los pelos de su cuerpo para encontrar el camino y notar la presencia de sus depredadores y presas.

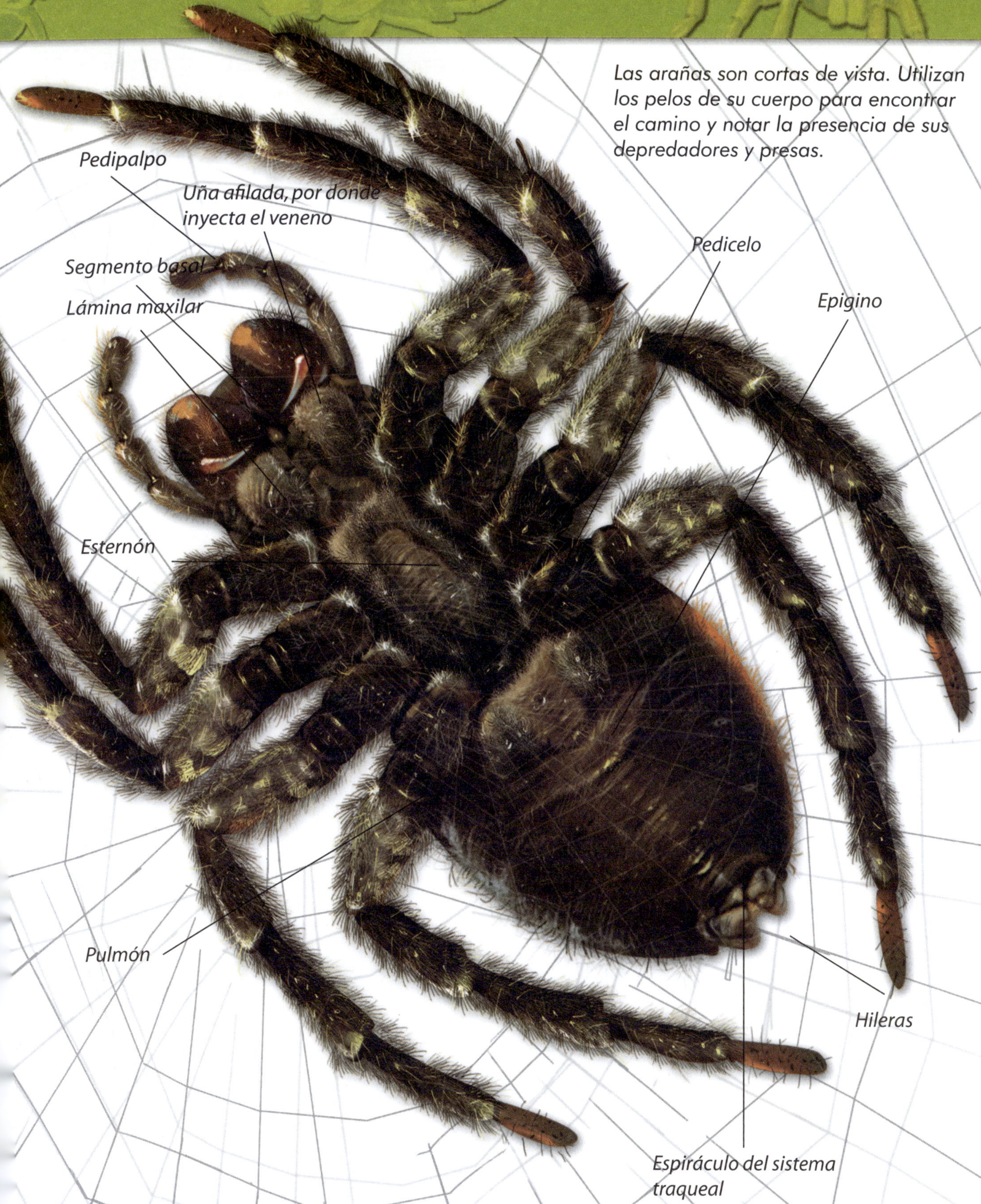

# TERRITORIO ARAÑA -II

**Las arañas tienen mucho en común con los insectos, pero a diferencia de éstos, tienen pulmones llamados "pulmones en libro". La mayoría de las arañas tienen sólo uno, pero algunas especies poseen dos.**

## Cazadoras y tejedoras

Hay miles de especies de arañas en el mundo, y de todo tipo, desde arañas capaces de saltar hasta las que viven bajo el agua. Sin embargo, para facilitar su estudio, los científicos las clasifican en dos grupos básicos: cazadoras y tejedoras. ¿En qué se diferencian? Las arañas cazadoras son depredadoras que persiguen y atrapan a su presa; las tejedoras tejen complejas telas y esperan a que su presa caiga en ella por si sola.

## ¡Oh! ¡Ah! ¡Una tarántula!

La reina de las arañas, la tarántula, es la más grande del mundo. La tarántula más grande es la araña goliat comedora de pájaros. También puede con ranas y serpientes. Las tarántulas tienen fama de ser peligrosas, pero normalmente son inofensivas para los humanos. La mayor parte tiene el cuerpo cubierto de pequeños pelos, que arrojan al enemigo para protegerse. Cientos de ellos a la vez pueden resultar muy dolorosos.

*En el transcurso del día, las telas se ensucian y deterioran; por eso las arañas tejen una cada día. Con la vieja hacen una bola y se la comen.*

## Jugando con veneno

¿La picadura de una araña es venenosa? Todas las arañas son venenosas, pero muchas son inofensivas para las personas. De las 35.000 especies conocidas, sólo 500 son peligrosas. La reclusa marrón, la viuda negra y la araña de embudo australiana son las únicas que pueden inyectar veneno a los humanos. Pero sólo lo hacen por accidente o como autodefensa. Por su parte, la araña escupidora lanza seda venenosa por sus colmillos. Es la única con glándulas de seda en el abdomen y la cabeza.

**Definición:**
**Autodefensa:** Protección de uno mismo o de los intereses propios, a menudo por la fuerza.

## ¡CURIOSO!

Las arañas saltadoras cazan abalanzándose sobre su presa, y usan sus hilos de seda para evitar caer. Son las únicas arañas que pueden girar la cabeza para mirar hacia atrás.

# SALTOS Y CANTOS

**Los grillos y saltamontes, junto con los campeones del camuflaje, los katídidos, constituyen el grupo de los ortópteros. Esta familia engloba 18.000 especies de saltamontes y 1.000 de grillos. La mayoría de estas especies son vegetarianas, pero algunas también se alimentan de pequeños insectos. Las criaturas de la familia ortóptera tienen una vista y un oído excelentes. Los grillos son famosos por su talento musical, y los saltamontes nos fascinan con sus asombrosas capacidades gimnásticas.**

## Piernas largas

Si un saltamontes compitiera en salto de longitud, ganaría. Este diminuto insecto puede saltar una altura de diez veces la longitud de su cuerpo, y hacia delante una distancia 20 veces mayor. Sus poderosas patas traseras le dan la fuerza necesaria para impulsarse y saltar largas distancias. La mayor parte de la fuerza para empujar al saltamontes hacia delante procede de sus patas superiores. La articulación tipo resorte de la rodilla añade fuerza al salto. Los grillos también tienen largas patas. El grillo topo utiliza sus larguísimas patas traseras y sus anchas patas delanteras como palas para cavar.

## Estrellas de la canción

¿Sabías que los saltamontes no tienen oídos? ¿O que los del grillo están por debajo de la rodilla? Aun así, son muy musicales, pues se frotan partes de su cuerpo para producir música y comunicarse entre sí. Los grillos son bien conocidos por su melodioso cri-cri, producido al frotar las alas una contra otra. Se dice que los grillos cantan más cuando hace calor.

## Langosta a la vista

Las langostas son saltamontes grandes. Suelen ser criaturas solitarias, pero cuando se juntan, el tamaño de este enjambre puede ser de entre uno y cientos de kilómetros cuadrados. Tienen gran poder de destrucción, y son la peor pesadilla de los agricultores. Juntas, estas voraces vegetarianas pueden acabar con 20.000 toneladas de cultivo en un solo día.

*Cuando un saltamontes es atrapado, escupe un líquido marrón amargo que se cree que lo protege de sus depredadores, como las hormigas.*

## Cuentos de grillos

El grillo siempre ha sido objeto de fascinación y de un gran número de mitos y leyendas. Por ejemplo, mucha gente cree que oír cantar a un grillo trae suerte. También se dice que si se encuentra un grillo en casa o cerca y se queda un tiempo, es probable que el dueño reciba dinero.

**Definición:**
**Solitario:** El que gusta de la soledad. Muchas criaturas, como las langostas, prefieren vivir solas y juntarse en grandes grupos sólo en la estación de cría, o para conseguir comida.

**¡CURIOSO!**
Los grillos arbóreos se apodan los "termómetros de los pobres" porque la temperatura influye en el número de veces que cantan.

# UN COLLAGE ANIMAL

**La Tierra alberga innumerables insectos. De hecho, hay tantos distintos que es difícil llevar un registro de ellos. Desde jejenes y termitas a cucarachas y cigarras, los insectos constituyen el 80 por ciento de las especies animales. Son unas de las criaturas más interesantes y vistosas, con una variada paleta de aptitudes y características extraordinarias.**

## Rezando por una presa

La mantis religiosa puede girar la cabeza 180 grados y puede barrer visualmente un área de 300 grados. Es el único insecto que puede sostenerse sobre una pata. La hembra es famosa porque arranca de un mordisco la cabeza del macho durante la cópula. Este hábil insecto depredador debe su nombre a la manera en que recoge las patas delanteras bajo la barbilla, como si se arrodillara a rezar.

## Sonido envolvente

La cigarra es otro insecto interesante. Las cigarras tienen el sistema de producción de sonido más desarrollado. Ciertas especies, como el verdulero australiano y el tambor doble, pueden hacer daño al oído humano con su sonido. Como viven bajo tierra, a las cigarras se las oye más que se las ve. La mayoría tienen un ciclo vital de entre 2 y 8 años. Algunas especies tardan de 13 a 17 años en hacerse adultas.

## Poderosas termitas

¿Has oído hablar de hormigas blancas? A las termitas se les suele llamar así, pues se parecen a las hormigas pero de color blanco. Sin embargo, las termitas no son hormigas. Estas criaturas sociales son conocidas por su poder destructivo. Se alimentan de materia vegetal muerta, sobre todo madera. Se ha descubierto que eligen qué madera comer según las vibraciones de las mandíbulas cuando la mastican.

## ¡A todo trapo!

Una de las libélulas más veloces es la libélula verde común, que puede volar a casi 85 kilómetros por hora. A menudo se le llama "aguja de zurcir" por la forma de su cuerpo. La dieta de esta libélula se compone, mayormente, de mosquitos. Por eso, se han ganado el apodo de "halcones mosquito".

*Los insectos son animales de sangre fría. Su crecimiento y desarrollo dependen de la temperatura de su entorno.*

**¡CURIOSO!**

Las cucarachas pueden vivir una semana sin cabeza. Al final, mueren de hambre o sed.

*Cigarra verdulera*

*Cigarra*

*Termita*

*Cigarra doble tambor*

*Libélula verde*

**Definición:**

**Jején:** Insecto díptero parecido a un mosquito. Es el insecto de agua dulce que más abunda.

# MARAVILLAS ALADAS

**Los humanos hemos imitado a casi todas las criaturas del planeta. Hemos inventado barcos y submarinos para movernos como los animales marinos, vehículos para correr como los mamíferos terrestres, y helicópteros y aviones para volar como las aves.**

## Destacados pilotos

La historia vital de la mayor parte de las aves sería como un folleto de viajes: despega y aterriza cuando quieras, viaja por todo el mundo y disfruta de las mejores vistas desde las alturas. Pero no todas las aves pueden volar. Y no todos los animales voladores son aves, como los murciélagos o los insectos. Los avestruces son las aves más grandes y veloces que no vuelan. Si las personas tuviéramos alas, plumas, fuertes huesos huecos y poderosos músculos, también podríamos volar. Probablemente, las aves voladoras evolucionaron a partir de los pterosaurios. Las aves tienen un corazón fuerte y un potente sistema respiratorio que les ayuda a permanecer en el aire largo tiempo. Tienen largas alas y una caja torácica redondeada. Son vertebrados con dos extremidades superiores en forma de alas y dos inferiores en forma de pata. Su duro pico no tiene dientes. Además, tienen un hueso en la lengua.

## Aves en tierra

Se cree que muchas aves no voladoras, como el casuario, el emú, el ñandú y el pingüino emperador, aparecieron en islas. Probablemente no tuvieron necesidad de escapar volando de ningún depredador, y utilizaron las alas cada vez menos. Algunas se convirtieron en veloces corredoras, y otras en notables nadadoras. Las aves que no vuelan tienen alas más cortas y una caja torácica más plana. Su cuerpo está cubierto de más plumas.

*El Archaeopteryx es un pájaro primitivo que vivió hace entre 150 y 155 millones de años. Tenía pequeños dientes y una larga cola ósea.*

## Un mundo de aves

Existen unas 9.300 clases de aves en el mundo. Viven en todas partes, desde los polos a los trópicos. Se encuentran en ciudades, bosques, desiertos, montañas, cerca del agua y en cuevas. Todas las aves nacen de huevos. Los polluelos no pueden volar al nacer y son alimentados por sus padres. Viven en nidos hasta que pueden volar y buscar su propia comida. Las aves utilizan su aguda vista para buscar comida. La mayoría comen insectos. Algunas, como los búhos y las águilas, son carnívoras. El colibrí y el ganso canadiense son vegetarianos, y los estorninos comen de todo. Otras, como el tucán, comen fruta.

## Un colectivo de gran ayuda

Las aves son una parte importante de la cadena de alimentación. Ayudan a propagar las semillas cuando vuelan y al defecar. Comen insectos y roedores. Ayudan a controlar las plagas en jardines y granjas. Pollos, patos y pavos sirven de alimento a los humanos. Las aves son, además, excelentes mascotas.

**Definición:**
**Pterosaurio:** Gran reptil volador que vivió hace millones de años.

## ¡CURIOSO!

Las aves viven más en cautividad que en estado salvaje. A mayor tamaño, mayor esperanza de vida. En cautividad, los guacamayos viven más de 60-70 años; cisnes y loros alcanzan los 50; canarios, periquitos y pinzones llegan a los 15.

# PICOS DE MIL FORMAS

**Imagina tener que cazar tu comida y comerla con los pies, sin tener dientes ni manos. A los humanos nos resultaría muy difícil, por no decir imposible. Las aves, en cambio, tienen picos multiusos que les sirven para encontrar y comer su alimento de la forma más fácil posible.**

## Herramientas naturales

Las aves utilizan el pico para cribar, sorber, partir, machacar, agujerear, arrancar, picotear y evaluar la comida. También lo usan para asearse, construir nidos, defender su territorio, buscar pareja y dar la vuelta a sus huevos (no, no con la yema encima).

El pico constituye las dos mandíbulas del ave. A diferencia de los mamíferos, pueden mover las dos. Los picos de las aves son ligeros y están hechos de una proteína llamada queratina, que también se encuentra en el pelo y las uñas de los humanos. Para identificar a un ave, su comportamiento y qué come, observa el diseño de su pico.

*Pájaro carpintero*

*Colibrí*

*Pico de un pelícano*

*Pico de una curruca*

## Dieta de insectos

Las aves insectívoras, como la curruca, el mirlo y la alondra, tienen picos finos y agudos. Los utilizan como pinzas para coger insectos de las hojas y ramitas. El atrapamoscas y la golondrina son expertos en cazar insectos voladores. Tienen picos planos con una base ancha para atrapar moscas y mosquitos.

## Picos asombrosos

Los colibríes se alimentan del néctar que liban de las flores. Su largo pico en forma de tubo les ayuda a succionar y sorber el néctar de las partes más profundas de la flor. Las aves carnívoras, como el halcón, el águila y el búho, tienen picos afilados y ganchudos para arrancar la carne de su presa en trozos pequeños, del tamaño justo para poder tragarlos. El pinzón, el piquigordo y el gorrión comen semillas. Con su pico en forma de cono rompen y abren la cáscara dura. El pico corto y grueso del cardenal actúa como un cascanueces. El pájaro carpintero utiliza su pico largo y fuerte como un cincel. Taladra agujeros en los árboles y picotea para coger los insectos que viven bajo la corteza. El pico del pelícano tiene una bolsa que se ensancha para dar cabida a peces grandes.

**Definición:**
**Queratina:** Proteína que forma el cabello, los cuernos y las uñas.

**¡CURIOSO!**
El chorlitejo de Nueva Zelanda tiene el pico curvado hacia el lado derecho.

*En forma de cono o delgados y afilados, los picos ayudan a las aves a arrancar y trocear la comida.*

*Tucán*

*Frailecillo*

# PLUMAS PARA VOLAR

**Uno de los primeros instrumentos de escritura fue la pluma de ave. Las plumas protegen a las aves de los rayos del sol, de las temperaturas extremas y de cualquier daño. También les ayudan a volar y, a algunos, a construir y forrar sus nidos.**

## Tipos de plumas

Las aves tienen tres tipos de plumas. Las más exteriores, que son las que vemos, a menudo de vivos colores, son las de vuelo. Cubren las alas, la cola y el cuerpo. La base de estas plumas está cubierta de plumas de contorno. Debajo de éstas crecen suaves plumones que ayudan al ave a mantener el calor. Éstas son las que utilizamos en los edredones y la ropa.

## Un espectáculo de ingeniería

Los pequeños pájaros canoros tienen entre 1.000 y 3.500 plumas, mientras que los cisnes tienen 25.000. En general, las aves más grandes tienen más plumas. El ave voladora más grande es la avutarda común, que pesa 16 kilos. Para levantar el vuelo, planear, abatirse sobre una presa y posarse, un ave necesita alas, plumas ligeras y un cuerpo aerodinámico. Las aves pueden volar durante horas sin esfuerzo. Aprovechan las corrientes de aire ascendente para planear sin batir las alas. Igual de importantes son una vista y un oído agudos, y un buen equilibrio. Las aves cambian la abertura de sus alas, utilizan los vientos y baten las alas para alzar el vuelo. En cambio, las aves pesadas, como el buitre y el águila, utilizan los vientos fuertes o las cornisas de los precipicios. Posarse es incluso más difícil, y hay que emplear mucha más energía. Baten las alas más despacio y la cola actúa de freno. Las aves más grandes vuelan más deprisa que las pequeñas, aunque no lo parezca. Los gansos pueden volar al doble de velocidad que los pájaros pequeños. Las aves vuelan a distinta velocidad dependiendo de si emigran, van en crucero o escapan de un depredador. El halcón peregrino puede volar a 160 kilómetros por hora. El vuelo más fascinante es el del colibrí, que bate las alas 50 veces por segundo y puede mantenerse en el mismo sitio largo tiempo, con el cuerpo erguido.

## La muda

Los pájaros mudan sus plumas todos los años. Así, las plumas desgastadas son remplazadas por otras nuevas. Los machos cambian el color de su plumaje durante la época de apareamiento, y algunos también renuevan la cola.

*Águila calva*

*El número de plumas de un ave depende mucho de dónde y cómo vive. Un tercio de las plumas están en la cabeza.*

**Definición:**
**Abatirse:** Descender sobre algo de manera brusca.

### ¡CURIOSO!

El albatros de Laysan es quizá el pájaro más torpe a la hora de alzar el vuelo y posarse. Para elevarse corre, bate las alas y salta, y al posarse, su mal equilibrio le hace dar con el pecho en el suelo.

# CONSTRUYENDO EL HOGAR

**Son coleccionistas, ingenieros, constructores y artistas. Además de volar, las aves saben cuándo, cómo y dónde construir sus nidos. En época de cría, la mayoría construye sus nidos, algunos muy complejos, para poner los huevos. Diseñan su hogar para proteger a sus huevos y polluelos de los depredadores y del tiempo extremo. Algunos utilizan los nidos todo el año, y otros, como el cuco, no construyen nidos.**

## Constructores de nidos

El chotacabras y el chorlitejo ponen los huevos directamente en el suelo. Los pingüinos utilizan sus pies como nido para incubar el huevo.

Una pareja de aves elige primero un lugar para construir su nido. Aunque la mayoría hace trabajo en equipo, en algunas especies, como los mirlos, es la hembra la que decide. Los machos de herrerillo común, chochín y gorrión construyen el nido solos para atraer a la hembra. Entre los piquituertos escoceses, tanto el macho como la hembra pueden ser el líder. Una vez decidida la ubicación, la pareja se afana recogiendo materiales y construyendo el nido. Cada especie usa materiales concretos, como ramitas, hojas, madera podrida, barro, telarañas y plumas.

*Ave martillo*

*Águila calva*

## Nido, "dulce" nido

Hay nidos de todas las formas y tamaños. El colibrí, el carricero común y el reyezuelo están entre las 100 especies de pájaros tejedores que hacen nidos colgantes. Hacen sus nidos con hierba y los cosen con el pico. Los pájaros acuáticos, como la focha y el somormujo, construyen sus nidos en el agua. La jacana y la pagaza piconegra ponen sus huevos en nidos flotantes.

La urraca, el pájaro apóstol, el abanico lavandera y la chova de alas blancas utilizan barro para hacer nidos en forma de cuenco que cuelgan de las ramas.

Muchos patos, como el tarro blanco, anidan en madrigueras de conejo abandonadas en el suelo. Los paros, loros, estorninos y trepadores prefieren los árboles. Simplemente acolchan un agujero y no se molestan en hacerlo más grande. El pájaro carpintero utiliza su pico como un martillo y un taladro para hacer sus propios agujeros.

*Tejedor*

*Se han encontrado nidos hechos con envoltorios de caramelos, papel de aluminio e incluso pedazos de billetes.*

*Zenaida huilota*

*Albatros*

**Taladrar:** Agujerear con un taladro.

### ¡CURIOSO!

El albatros de Laysan es quizá el pájaro más torpe a la hora de alzar el vuelo y posarse. Para elevarse corre, bate las alas y salta, y al posarse, su mal equilibrio le hace dar con el pecho en el suelo.

# AVES MARINAS

**Las aves marinas son como navegantes en el mar. Su cuerpo está adaptado a vivir más, a alimentarse del mar y a hacer vuelos de larga distancia alrededor del mundo. Vuelven a tierra para criar en colonias de miles, a veces millones, de individuos de su misma especie. Entre las más de 250 especies de aves marinas están el albatros, la gaviota, el petrel, el charrán, el alca y el cormorán. Estos campeones buceadores tienen alas que sirven como aletas. Algunas aves, como el cormorán, tienen plumas que absorben el agua y las de otras son impermeables. Las aves marinas pueden tragar litros de agua salada sin miedo, pues la excretan por unas glándulas en los ojos y el pico. Capturan su alimento, ya sean plantas, peces o camarones, de diversas formas. El charrán y el petrel atrapan su comida al vuelo, y el alca persigue a su presa nadando bajo el agua. El alcatraz y el piquero se zambullen en el agua en picado.**

## Los pelícanos

El premio al "pico más inolvidable" se lo lleva el pelícano. También es el pico más largo del mundo. Debajo tiene una bolsa que sirve como red de pesca. Antes de tragarse el pescado, el pelícano abre el pico para soltar toda el agua que ha entrado. La bolsa tiene capacidad para 13 litros de agua. El pelícano es un pájaro enorme con una envergadura de entre 1,8 y 3 metros. El pelícano pardo y el peruano se zambullen en el agua para cazar, mientras que el pelícano blanco americano se queda flotando. Los pelícanos no son comedores exquisitos. Aunque el pescado es la base de su dieta, también comen renacuajos, tortugas y crustáceos.

*Se cree que las aves marinas sobreviven más tiempo y tienen menos descendencia que otras aves. Pasan mucho tiempo alimentando a sus crías.*

## Gaviotas y charranes

Los charranes se parecen a las gaviotas, pero su cuerpo es más ligero. Los charranes también son más elegantes en vuelo. El charrán común es de color gris plateado y de cola larga. Estas aves viven en ruidosas colonias de miles de individuos. Pero antes de partir en su migración se quedan tranquilos y en silencio. Las gaviotas suelen ser grises o blancas, y tienen un robusto pico largo. Son muy inteligentes y tienen un sofisticado sistema de comunicación. Se sabe que la gaviota argéntea usa rocas, piedras y ramas como herramientas.

## Los albatros

Los albatros pueden vivir, comer y dormir en el agua. Regresan a tierra sólo para anidar y criar. Se sirven de los vientos para planear ahorrando la máxima energía. Con esta técnica pueden volar miles de kilómetros sin esfuerzo.

*Albatros*

*Cormorán*

## ¡CURIOSO!

Las plumas de la hembra de ganso son el mejor aislante para el nido. Sus plumas también se usan para rellenar abrigos y edredones.

**Definición:**
**Criar:** Tener descendencia.

# AVES CANTORAS

**Se posan en las ramas, aferrándose bien con sus garras, y cantan sin preocuparse por nada. Son unos de los pájaros más pequeños, pero con cuerdas vocales dignas de cantantes de ópera. Se dice que los pájaros canoros son las aves más adelantadas e inteligentes. Desde la pequeña curruca y el reyezuelo al cuervo, las 5.100 especies de aves canoras constituyen el 60 por ciento de todas las aves. Sus cantos son únicos, pero todos tienen tres dedos mirando hacia delante y uno hacia atrás.**

## Canta una canción

Mirlos, carboneros, alondras, cardenales, pinzones, piquigordos, cenzontles, oropéndolas, petirrojos, estorninos, vireos, gorriones, tordos, atrapamoscas, ampelis y chochines son aves canoras que viven en hábitats terrestres y en algunos humedales. El plumaje de los machos es muy vistoso. Se alimentan de semillas, néctar, bayas y frutas, y algunos comen más de 300 insectos al día. Los primeros trinos de un pájaro joven suelen ser una mezcla de notas que cantan para sí. Poco a poco aprenden de otros de su especie y componen sus melodías propias. Cantan por un motivo, o por más de uno. Cantan largas y complejas melodías para atraer a una hembra, o cortas y sencillas para defender sus territorios. Con sus trinos también se comunican con sus polluelos, con otros miembros de su especie, o se avisan de la presencia de depredadores.

## Cantantes y más...

Las hábiles alondras cantan aun cuando son perseguidas por sus depredadores para hacerles saber que no son fáciles de cazar. Cenzontles, mainates, pergoleros y petirrojos africanos son pájaros que imitan a otros. El estornino escocés imita a las ovejas, y las aves lira imitan el ris-ras de una sierra e incluso la alarma de un coche. Las parejas de urraca hacen sus propios duetos para poder localizarse.
A los jilgueros americanos les encanta cantar incluso cuando vuelan. Los pájaros suelen cantar al amanecer, cuando la tranquilidad del momento permite que sus trinos se oigan más lejos. Aunque en la mayoría de las especies el macho es el que canta, en algunas, como los petirrojos, también canta la hembra. Un pájaro macho nunca repite la misma melodía en su vida.

**Definición:**
**Defender:** Proteger a alguien de un ataque.

### ¡CURIOSO!

El premio al cantante con más talento se lo lleva el cuitlacoche rojizo, que puede cantar más de 2.000 melodías complejas.

*La siringe es un órgano vocal situado en la base de la tráquea con la que las aves producen notas que al oído humano resultan tan melodiosas.*

# AVES DE CAZA Y DE CORRAL

**Las aves de caza y de corral se han criado y cazado por su carne y sus huevos durante cientos de años. Las aves de corral, como los pollos y pavos, nos sirven de alimento. Las aves de caza, como los faisanes y las perdices, además de servir de alimento, se cazan por deporte. Codornices, pollos, perdices, faisanes, pollos, gallos, pichones y palomas son animales que también se cazan por deporte. Estas aves son de tamaño medio a grande, de cuerpo achaparrado y de cabeza pequeña. Tienen alas y picos cortos, patas fuertes y cuatro dedos. Sus duras uñas les sirven para escarbar el suelo en busca de comida. Las aves de caza son buenas corredoras e incluso pueden volar cortas distancias, pero no pueden nadar.**

## Faisanes

Los faisanes son aves de gran tamaño que se cazan por deporte. Los machos tienen colores brillantes, barba y una larga cola. Son más grandes que las hembras. El faisán común habita en todo el mundo y está domesticado.

Las codornices pertenecen a la familia de los faisanes y están por todo el mundo. Estas aves se crían por sus huevos y su carne. Son aves pequeñas y regordetas que vuelan sólo a trompicones. Al igual que los pavos, anidan en el suelo. La codorniz azul asiática es la más pequeña de su especie y la hembra puede poner un huevo al día.

Las perdices son de tamaño medio, entre la codorniz y el faisán. Se cazan por deporte y para comer.

## Pavos

Comer pavo el día de Acción de Gracias o Navidad es una costumbre muy extendida. Esta ave de gran tamaño se reconoce por su barba colgante. El macho extiende su cola como un abanico, igual que el pavo real, para atraer a la hembra. También su plumaje es más vistoso, aunque el de granja es blanco.

Los pavos están emparentados con los faisanes. A diferencia de los pavos domésticos, los salvajes pueden volar. Construyen sus nidos en el suelo, con hojas secas y hierbas. Cuando no anidan, duermen en los árboles. Comen insectos, plantas, maíz, trigo y semillas.

El macho más espectacular entre las aves de caza y de corral es, sin duda, el pavo real.

El pavo real de la India tiene un sorprendente plumaje verdiazul y largas plumas que abre como un abanico para atraer a las hembras. Los pavos reales son malos voladores, se posan en los árboles y emiten gritos para avisarse unos a otros de un peligro.

*Las aves de caza rebuscan comida y picotean en el suelo. Muchas especies comienzan el día con una dieta de piedras para ayudarles a digerir las semillas y frutos duros.*

**Definición:**
**Posarse:** Asentarse, reposar.

### ¡CURIOSO!

Las palomas huilotas alimentan a sus polluelos con leche del buche, un saco situado en la base del cuello, en la parte delantera del esternón.

# AVES QUE NO VUELAN

**Uno podría pensar que si un pájaro tiene alas debe volar. Pues no es del todo cierto. Avestruces, emúes, casuarios, pingüinos, kiwis, ñandúes y kakapos tienen alas pero no pueden volar. Los científicos creen que evolucionaron en lugares donde no tenían necesidad de volar para huir de los depredadores ni para buscar comida. Con el tiempo encontraron otras alternativas al vuelo. Los pingüinos se convirtieron en buenos nadadores, y los avestruces en velocistas.**

*Emú*

## Sin planes de vuelo

Los huesos de las alas y la quilla del esternón de las aves que no vuelan son más pequeños que los de las voladoras. También tienen alas más cortas y más plumas. Utilizan las alas para mantener el equilibrio y comunicarse, sobre todo durante el cortejo. Los avestruces son las aves más grandes, con más de 2,4 metros de altura y más de 150 kilos de peso. Pueden dar pasos de 4,5 metros y correr a 65 kilómetros por hora. Su visión aguda les ayuda a escapar de los leones y guepardos. Se alimentan de plantas, lagartos y tortugas. Se sabe de avestruces que se han tragado latas y trozos de cristal.

*Avestruz*

**¡CURIOSO!**

El ave no voladora más pequeña del mundo es el rasconcillo de Tristan da Cunha, con 13 centímetros y 34,7 gramos.

## Pingüinos y kiwis

Los pingüinos pasan la mayor parte de su vida en el mar, excepto cuando regresan a tierra para criar. Por su gracioso modo de caminar resulta difícil creer que son aves. Sus brillantes plumas son impermeables, y su gruesa capa de grasa les permite sobrevivir y cazar en las gélidas y heladas aguas de la Antártida. Pueden nadar durante 8 horas y sumergirse a casi 280 metros. El pingüino emperador es el mayor de las 17 clases existentes, con 46 kilos, y el más pequeño es el pingüino azul, con 1,4 kilos. A todos los pingüinos les gusta tirarse por el tobogán o patinar por el hielo.

*Kakapo*

Los casuarios son aves en peligro de extinción y viven en las selvas australianas. Tienen un cuerpo macizo y sin plumas. Con su cabeza en forma de yelmo golpean el suelo. A un neozelandés se le puede llamar "kiwi", y un kiwi es un neozelandés. Los kiwis son aves nocturnas y tan tímidas que no es fácil verlas. Son del tamaño de un pollo, tienen un largo pico puntiagudo y alas de 5 centímetros. Comen frutas, semillas, insectos, gusanos y arañas.

*Ñandú*

*Casuario*

**Definición:**
**Extinción:** Desaparición de una especie

# AVES RAPACES

**Todas las aves tienen visión binocular, pero la de las aves rapaces es telescópica. Gavilanes, águilas, búhos, milanos, halcones, aguiluchos, zopilotes y buitres se sirven de su aguda vista para cazar. Un halcón puede avistar un roedor desde 3 kilómetros de distancia. Estas rapaces son carnívoras y capturan a sus presas con sus afiladas garras. Con su pico ganchudo trocean la comida.**

## Las poderosas águilas

Las águilas son aves de tamaño medio o grande, con fuertes y poderosas patas y alas anchas. La mayoría construye sus nidos en lo alto de los árboles o sobre precipicios. El águila dorada caza tortugas. Las deja caer sobre las rocas para abrir el caparazón. El águila pescadora y el águila volatinera tienen almohadillas ásperas en las patas para agarrar a los peces. El águila harpía vive en las selvas tropicales y se la considera la más grande y poderosa. El águila calva come pájaros muertos o moribundos. El águila pescadora se sumerge para cazar peces.

## Visión nocturna

Los inquietantes búhos nocturnos suelen asociarse a historias de misterio. Tienen ojos redondos, con visión frontal, y suaves plumas que hacen su vuelo silencioso. Tienen un pico corto y fuerte, y dedos que pueden mirar hacia delante o hacia atrás. Al contrario de lo que se piensa, casi todos los búhos pueden cazar de día. Por la noche utilizan su sentido del oído para localizar a su presa. El búho pigmeo caza tanto de día como de noche.

*Águila pescadora*

*Águila calva*

## Los cazadores

Los buitres se asocian con la muerte, pues se alimentan de carroña. Tienen garras romas, y la cabeza calva y sin plumas. Los milanos son los menos agresivos. Tienen largas alas, pero sus patas no son fuertes. Los gavilanes planean y también caminan por el suelo para atrapar a su presa. Los halcones son veloces voladores. El halcón peregrino caza en el aire y es el más rápido lanzándose en picado.

**Definición:**
**Nocturno:** Lo que tiene actividad por la noche.

**¡CURIOSO!**
El color de las patas y de la cara del águila volatinera varían del rojo pálido al brillante, dependiendo de su humor.

*La mayor parte de las hembras rapaces son mayores y más pesadas que los machos. El tamaño permite a la pareja cazar a sus presas.*

*Buitre*

*Milano*

# PÁJAROS CAMPEONES

**En cada especie hay aves capaces de hazañas extremas. Vuelan más alto, se zambullen más abajo, viven en las condiciones más duras, y mucho más para asegurar su supervivencia. La resistencia y la habilidad que estas aves han desarrollado con el tiempo las convierten en auténticas campeonas.**

## El campeón de campeones

Algunas aves se aprovechan de su visión, otras de su oído, y muchas otras destacan por su vuelo, sin importar su tamaño. El cárabo lapón caza guiándose por el sonido. Sus orejas no son simétricas, lo que le ayuda a captar en estéreo el sonido de sus alrededores. Al detectar el más mínimo movimiento, este silencioso depredador se abalanza sobre su presa. El aura común puede oler la comida a un kilómetro de distancia, aunque esté enterrado bajo una pila de hojas. El kakapo macho utiliza sus cuerdas vocales al máximo. Canta de noche y se le puede oír en un radio de más de 6 kilómetros. Los verdaderos navegantes del cielo son los charranes árticos. Crían en el Círculo Polar Ártico y recorren más de 24.000 kilómetros hasta el Círculo Polar Antártico. Los de más altos vuelos son los ánsares indios, las grullas damisela, las agujas y los zarapitos, que alcanzan altitudes de 5.500 metros para cruzar la cordillera del Himalaya. El más andarín es el emú, que emigra en busca de nubes de lluvia y cubre distancias de más de 600 kilómetros. Los más resistentes son los gorriones y estorninos, originarios de Europa pero distribuidos por todo el mundo.

Si los gansos son los campeones del cielo, los pingüinos árticos lo son de los océanos. Pueden sumergirse a más de 400 metros, en aguas heladas y sin oxígeno, y permanecer en ellas durante más de 10 minutos. El mirlo acuático se puede sumergir durante 15 segundos, y después regresa al mismo punto desde el que saltó, con su presa entre el pico.

## Bebés campeones

Padres campeones engendran bebés campeones. Los polluelos de alca nacen en nidos en las laderas de las montañas. Con dos días de vida, los polluelos siguen la llamada de sus padres y se abren paso ladera abajo por terreno peligroso, lleno de depredadores, hasta el mar, donde tras nadar una larga distancia, se reúnen con sus padres.

*Pingüino emperador*

*El pingüino emperador es el único animal que puede sobrevivir al frío extremo del invierno antártico.*

*Ánsar indio*

*Cárabo lapón*

## ¡CURIOSO!

Las palomas se han utilizado como mensajeras desde los primeros Juegos Olímpicos del año 776 a. C. Aun hoy los trabajadores médicos y los reporteros gráficos en lugares lejanos del mundo las siguen utilizando.

**Definición:**
**Sumergir:** Introducirse en el agua.

*Pingüino emperador*

# AVES MIGRATORIAS

**Mudarse de casa en la misma época, todos los años, no es lo que más le puede gustar a uno, pero para las aves migratorias se trata de sacar adelante a la familia. A estas aves se les dispara una alarma estacional interna y todos los años emigran a miles, distancias cortas y largas, para criar y buscar comida.**

## A dónde migran las aves...

Más de un tercio de las aves del mundo emigran. Y algunas, como los petirrojos, que parecen vivir permanentemente a nuestro alrededor, se trasladan a climas más cálidos, mientras que otros procedentes de lugares más fríos ocupan su lugar. Las aves emigran al hemisferio norte y sur, así como a los trópicos y dentro de ellos. Los cucos vuelan largas distancias sin salir de los trópicos, y algunas especies crían en la India y después se trasladan a África. El patrón más habitual es criar en el hemisferio norte templado y emigrar a regiones más cálidas en los trópicos o el hemisferio sur en invierno.

A medida que se aproxima el invierno, los días son más cortos y la comida escasea. Algunas especies engordan antes de su largo vuelo. La prisa por emigrar es tan fuerte que las aves se vuelven nerviosas e inquietas. Es una obligación anual.

*Las aves emigran en bandadas, y así comparten sus recursos de navegación para alcanzar su destino.*

**Definición:**
**Ambiente:** Aire, agua y territorio en los que vive un ser vivo.

## ¡CURIOSO!

El charrán ártico es un pequeño pájaro que recorre la distancia más larga: 35.000 kilómetros cada año.

## Emigrantes de corta y larga distancia

Gansos, charranes, golondrinas, patos y cisnes recorren largas distancias, mientras que otros vuelan distancias más cortas en el mismo hemisferio. El treparriscos, el esmerejón y la alondra sólo se alejan un poco de su territorio a un ambiente más cálido. Curiosamente, sólo la hembra de pinzón emigra y deja al macho atrás.

Igual que los aviones necesitan repostar, las aves buscan sitios en el camino donde poder comer, aunque la aguja colipinta hace un impresionante viaje de 11.000 kilómetros casi sin detenerse.

Algunas aves de gran tamaño, como los gansos y gavilanes, se sirven de su vista para volar de día. Siguen rutas entre montañas, ríos y costas. Las aves rapaces, las golondrinas y los cuervos emigran de día. Tordos, currucas, cucos y pájaros carpinteros lo hacen de noche. Se alimentan y descansan durante el día y se guían por la luna y las estrellas. En días nublados, utilizan el campo magnético terrestre para orientarse. Las aves de caza vuelan tanto de día como de noche.

# ACTIVIDAD

**Soy un insecto, un bicho. Descubre mi nombre siguiendo las pistas.**

1. Soy de muchos colores y también tengo alas hermosas.
   Me acuesto siendo oruga y al despertarme soy otra cosa.

Soy una ____________.

**RISAMOPA**

2. Con mi cuerpo moteado y brillante, a todos gusto. Aunque no se ven mis alas, puedo volar, lo aseguro.

Soy una ____________.

**QIRATUMAI**

3. Revoloteo aquí y allá, y tengo muchos ojos.
   Soy un fastidio para tu madre cuando en su tarta me poso.

Soy una ____________.

**OSMAC**

4. Incluso estando bajo tierra, hago mucho ruido.
   Se me oye desde lejos, pero a nadie gusta mi sonido...

Soy una ____________.

**CAIGRAR**

Respuestas
1. Mariposa 3. Mosca
2. Mariquita 4. Cigarra